KB118302

5분

세상을 마주하는 시간

뉴스타파 기획 | 김진혁 지음

문학동네

TRACKS

생각, 하다

SIDE A

SIDE B

경계, 짓다

5분이 작은 컬러 픽셀 하나가 되기를

"행복은 우리가 추구해야 할 목적이 아니라 순간순간 행복한 때가 있어서 우리가 살아갈 수 있는 것인지 모른다. 행복한 순간들이 삶을 지탱해주는 거지, 그 자체가 삶의 목적은 아니다."

얼마 전 인터뷰한 젊은 해직 언론인의 답이었다. 그는 덧붙였다. "조금 더 나은 사회를 만들기 위해 노력하는 분들이 있음에도 사회가 더 나은 방향으로 가는 건 아닌 듯싶다. 행복은 그런 분들과 같은 건지도 모르겠다."

오랫동안 '5분짜리 프로그램'을 만들면서 과연 이게 무슨 소용이 있을까 회의를 품고는 했다. 여러 가지 이유가 있지만 세상이 그로 인해 더 나아진 것 같지 않다는 생각 때문인 듯하다. 어쭙잖은 유명세가 더해질수록 그저 개인적 욕심을 채우기 위한 몸부림 같았고, 그게 아니라고 부정할수록 오히려 무력감은 더해졌다. 일상을 허물어뜨릴 정도는 아니었지만, 일상의 풍경을 흑백으로 만들어버리는 무력감이었다.

인터뷰를 마치고, 배웅을 하고, 혼자 담배를 한 대 물고 있다보니 문득 그런 생각이 들었다. 웃었든 울었든 그 5분 덕에 살아냈던 건 아닐까? 23시간 55분을 모두 쏟아부어 만들어낸 게 총천연색 풍경은 아닐지라도, 5분으로 인해 모조리 흑백은 아니었음을 보여준 것이 아닐까? 5분이 모여 만들어낸 소실점들이 흑백 풍경 모두를 컬러로 바꿔내지 못한다고 해서 그 자체로 별것 아니라고 치부해선 안 되지 않을까?

생각이 거기에 이르니, 사실 그게 맨 처음 마음이었단 걸 알 수 있었다. 어떤 대단한 목적이 아니라 그저, 지루하고 반복적인 일상을 살아가는 사람들에게 문득 발걸음을 멈추는 5분을 마련해주고 싶었고, 동시에 나 자신에게도 그런 시간을 마련해주고 싶었다.

최근 〈위플래시〉라는 영화를 봤다. 완성도와 별개로 좋은 영화로 느껴지는 건 관람 이후에도 계속 생각할 거리를 던져주었기 때문이다. 그 생각거리가 강요받은 느낌 없이 자연스러웠다는 점이 좋았다. 요즘 작품을 보고 이런 느낌을 받은 경우가 드물었다. 그래서인지 영화를 본 후, 어쩌면 나 자신도 다른 이에게 무언가를 강요하고 살았는지도 모른다는 생각을 했다. 언젠가부터 프로그램을 만드는 일이 즐거움이 아닌 고통이 된 느낌이다. 그건 아마도 보는 이들의 공간까지 내가 다 차지해서일지 모른다. 돌려주고 자유로워지자, 생각했다.

이 책이 많은 분들에게 5분의 행복, 작은 컬러 픽셀 하나, 자연스러운 생각의 고리가 되길 바란다.

2015년 봄
김진혁

생각

5
MIN

두려움에 떨며 살 순 없습니다.
우리는 두려움 때문에
광기의 시대로 빠져들지 않을 것입니다.

우리는 기록하고 말하고 동참하길
겁내는 자의 후손이 아니며
억지 주장을 관철하려는 자의
후손도 아님을 명심하십시오.

그는 공포 분위기를 조성한 게 아니라
다만 효과적으로 이용했을 뿐입니다.

카시우스가 옳았습니다.
문제는 우리 운명이 아닌,
바로 우리 자신에게 있습니다.
— 에드워드 머로

시작은 에드워드 머로였다. 단정하게 빗은 머리, 마이크 앞에 앉아 화면을 응시하는 눈. 편안한 밤과 행운을 이야기하는 저널리스트 에드워드 머로. 그를 생각했다. 객관적이고 공정한 것이 무엇인지를 생각해보고 싶었다. 매카시즘과 복지, 종교계의 정치적 발언과 엘리트의 역사 인식, 파업으로 인한 명예훼손과 부동산 문제, 사회적으로 대두되는 문제들을 고민하고 판단하는 것에 대한 합리성과 상식을 되짚어보고 싶었다.

방송 저널리즘 시대를 연 에드워드 머로는 사안에 대해 충분히 고민한 후 자신이 판단하기에 가장 합리적이라고 여겨지는 지점을 설정해 그것을 기준으로 삼았다. 자신의 발언을 전파로 내보내기까지 그는 생각했다. 무언가 주장하려면 그에 대해 명확한 근거가 있어야 한다. 공포와 불안을 자극해서 사람들을 패닉 상태로 몰아가는 식의 여론몰이는 잘못된 것이다. 무엇보다 텔레비전이라는 매체가 지닌 막강한 영향력을 단순히 오락거리로 사용해서는 안 된다. 머로의 표현에 따르면 텔레비전은 '무지, 불관용, 무관심'과 맞서 싸우는 '무기'였다. 텔레비전이 오락거리로 이미 방향을 바꾼 지금, 이 무슨 생뚱맞은 말인가 싶겠지만 그가 텔레비전을 통해 해낸 일을 보면 이는 결코 허언이 아니었다.

머로가 이야기하는 것들을 차분히, 담담하게 생각했다. 그리고 그것이 생각의 단초가 되었다. 냉전 초기 미국을 휩쓸었던 '매카시즘' 열풍. 수많은 사람들이 단순히 '좌익 혐의'가 있다는 이유만으로 직장에서 쫓겨나고 감옥에 갔던 시절, 에드워드 머로가 매카시즘에 맞선 무기가 바로 '텔레비전'이었다. 시사 프로그램 진행자였던 에드워드 머로는 매카시의 폭로를 받아쓰는 다른 언론들과 달리, 그의 주장을 검증하고 문제점을 지적했다. 그러자 놀랍게도 매카시즘은 급격하게 힘을 잃게 된다.

이게 그저 에드워드 머로라는 단 한 명의 힘일까? 결단코 아니다. 이것은 그가 텔레비전을 제대로 된 무기로 사용했기에 가능했던 일이다. 머로의 생각은 텔레비전을 통해 수많은 미국인들에게 전해졌고, 공감을 얻었고, 결국 사람들의 머릿속에서 매카시즘을 몰아냈다.

흔히 사람들의 생각이 변한다고 표현하는데 이는 반은 맞고 반은 틀린 말이다. 사람들의 생각은 잘 변하지 않는다. 적어도 '기존의 범주'에서는 그렇다. 그렇기 때문에 사람들의 생각이 변했다는 건 사람들이 중요하게 여기는 범주가 바뀌거나, 새로운 범주가 기존의 범주보다 더 중요하게 여겨지게 되었다고 해석하는 게 맞다. 사람들을 설득한다는 건, 기존의 범주에서 생각을 변화시키는 게 아니라 새로운 범주를 제시하는 행위다. 새로운 범주란 건 당연히 그 사람이 동의할 수 있는 범주여야 한다.

이 범주를 '프레임'이라고 불러도 좋고 '어젠다'라고 불러도 좋고 '이슈'라고 불러도 좋다. 중요한 건 우리가 매 순간 프레임, 어젠다, 이슈를 두고 전쟁을 벌이고 있으며, 사람들에게 선택된 범주 그러니까 이 전쟁에서 이긴 범주를 제시한 이들이 세상을 움직이게 된다는 사실이다. 그러므로 우리가 정말 세상을 더 나은 쪽으로 변화시키고자 한다면, 궁극적으로 해야 할 일은 세상이 더 나아질 수 있는, 적어도 그럴 가능성이 '높은' 범주를 끊임없이 발굴해서 사람들에게 제시하는 것뿐이다. 그렇게 제시된 범주가 사람들의 생각 속에서 중요한 범주로 자리잡고, 나아가 습관적으로 사용하는 범주가 될 때, 세상은 충분히 바뀌어 있을 것이다.

누구나 알아야 할, 반드시 지켜내야 할 '진실'이라도 그것이 하나의 범주로 자리잡지 못하면, 그것은 사람들에게 '아무것도 아닌 것'이 되고 만다. 정말 의미 있는 '진실'이라면 반드시 '범주화'되어야 하는 이유가 거기에 있다.

이 장엔 다양한 '생각의 출발점'들이 담겨 있다. 그중엔 이미 현실이 되어 상식처럼 여겨지는 과거의 생각들도 있고, 이미 현재화된 상식에 강하게 반기를 들며 다시 생각하길 촉구하는 생각들도 존재한다. 두 가지는 치열하게 싸우고, 그 결과는 매 순간 현실에 다시 반영되어 우리의 삶을 규정한다. 우리가 당연하다고 혹은 어쩔 수 없다고 여기는 바로 그 현실은 지금 이 순간에도 만들어지고 있다.

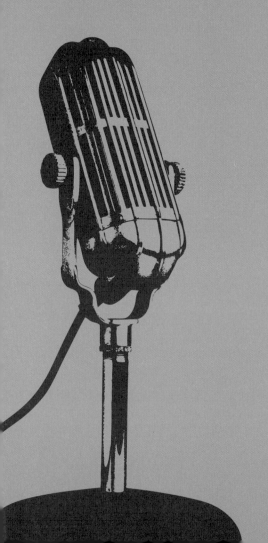

"텔레비전은
무지, 불관용, 무관심과 맞서 싸우는
위대하고 결정적인 전투를 치르는 데 있어
유용한 무기가 될 수 있습니다.

현재 텔레비전의 문제는
생존을 위한 싸움에 임해서도
칼집 속에서 녹슬고 있다는 것입니다.

편안한 밤 되시고 행운을 빕니다."

출연자 섭외 담당으로 CBS 입사
유럽총국장으로 런던에 파견됐을 때도
관리직

하지만
제2차세계대전 발발로 인력이 부족해지자
독일 공군의 야간공습으로 폐허가 된
런던 한복판 건물 옥상으로 올라가
공습 상황을 생중계한다

전후 미국인들의 전폭적인 신뢰 속에서
〈시 잇 나우See It Now〉를 통해 TV저널리즘을 시작한
에드워드 머로 Edward Murrow, 1908~1965

하지만
그를 기다린 건
'냉전시대'의 시작

전후 승전국이지만
공산주의에 대한 공포심에 사로잡힌 미국에
서류 뭉치를 흔들며 등장한
초선 의원 '조지프 매카시Joseph Raymond McCarthy'

"여기 바로, 내 손에!
205명의 공산당원 명단이 있습니다.
이들은 지금 이 시간에도 국무부에서
미국의 정책을 만들고
집행하는 일을 하고 있습니다!"

그러자 그의 폭로를 대서특필하는 신문들
불티나게 팔려나가는 신문들

매카시는 순식간에 전국적인 스타 의원이 되고
수많은 격려 편지와 투서를 시작으로
정치자금이 쏟아져들어오기 시작한다

공화당은 여당인 민주당을 공격하기 위해
매카시에 동조

민주당은 자신들이 공산주의자가 아님을 증명하기 위해
매카시에 동조

언론은 자신들이 공산주의를 옹호하지 않음을 보여주기 위해
매카시에 동조

매카시에 동조하지 않을 수 없는
사회에 만연한
공포 분위기

그때
공포에 동조하길 거부한
한 명의 방송 저널리스트

"우리는 의견의 차이와 조국에 대한 불충을
혼동해서는 안 됩니다.
또한 고발은 그 자체로 증거가 될 수 없으며
유죄 판결 여부는 증거와 법적 절차에 따라
결정됨을 잊지 말아야 합니다.

두려움에 떨며 살 순 없습니다.
우리는 두려움 때문에
광기의 시대로 빠져들지 않을 것입니다.

우리가 우리의 역사를 깊게 고찰한다면
그리고 우리가 겁쟁이의 후손이 아니란 걸
잊지 않는다면 말이죠.

우리는 기록하고 말하고 동참하길
겁내는 자의 후손이 아니며
억지 주장을 관철하려는 자의
후손도 아님을 명심하십시오.

과연 (매카시즘이) 누구의 탓일까요?
그(매카시)의 탓만은 아닙니다.

그는 공포 분위기를 조성한 게 아니라
다만 효과적으로 이용했을 뿐입니다.

카시우스가 옳았습니다.

문제는 우리 운명이 아닌,
바로 우리 자신에게 있습니다.

편안한 밤 되시고 행운을 빕니다."

— 1954년 3월 9일

방송이 끝나자마자 걸려오기 시작하는
머로를 지지하는
수많은 전화

상황 반전을 위해
더욱 극단적인 태도를 취하는 매카시

하지만 결과는 '역풍'

매카시에 대한 청문회가 열리고
매카시의 폭로와 주장이 대부분
근거가 희박한 것으로 판명된다

하지만
머로의 방송에 두려움을 느낀
보수세력의 압박과
CBS 회장의 선택

머로의 〈시 잇 나우〉는
시청률이 낮은 시간대로 밀려나고
〈시 잇 나우〉가 방송되던 시간대는
쇼 프로그램이 대신하게 된다

그리고
1958년

광고마저 끊겨 폐지되는
〈시 잇 나우〉

"50년이나 100년 후의 역사가들이
지금 방송 3사의 텔레비전 방송 프로그램을
일주일치 정도 들여다본다고 칩시다.
아마 그들이 발견할 것은
실제 현실과 격리된
타락과 도피의 증거들뿐일 것입니다.
특히 방송사의 밤 8~11시 편성표를
눈여겨보시기 바랍니다.
여러분은 이 나라가
망조로 가고 있다는 증거를
쉽게 찾을 수 있을 겁니다.

나는 텔레비전을 지식인들이 울부짖는
통곡의 벽으로 만들자고
주장하는 게 아닙니다.

적어도 때로는
우리가 살고 있는 팍팍한 세계를
있는 그대로 보여주어야 한다고
생각할 뿐입니다.
텔레비전은 지식을 전하고 깨달음을 주며
심지어 영감을 불러일으킬 수도 있는
매체입니다.
그러나 이는
인간이 텔레비전을
그러한 목적으로 쓰려고
할 때만 가능합니다.
그러지 않으면 텔레비전이란
전선과 전구로 채워진
상자 따위에 불과합니다.

텔레비전은
무지, 불관용, 무관심과 맞서 싸우는
위대하고 결정적인 전투를 치르는 데 있어
유용한 무기가 될 수 있습니다.
현재 텔레비전의 문제는
생존을 위한 싸움에 임해서도
칼집 속에서 녹슬고 있다는 것입니다.

편안한 밤 되시고 행운을 빕니다."

— 1958년 10월 15일

/ 에드워드 머로

1908년 4월 25일 미국 노스캐롤라이나에서 태어난 에드워드 머로는 1935년 CBS에 입사했다. 대학에서 역사와 어학을 전공했으나 방송국에서는 출연자 섭외 업무를 담당했다. 일하는 동안 성실성과 능력을 인정받은 그는 1937년 유럽총국장으로 런던에 파견되었는데, 처음에는 행정 업무와 출연자 섭외를 지휘하다가 제2차세계대전이 임박하면서 본격적으로 마이크를 잡았다. 그리하여 개전 후 나치 독일이 오스트리아를 병합하고 폴란드를 침공한 사건이 에드워드 머로의 입을 통해 미국에 전해졌다. 1940년 독일 공군이 런던 시내를 공습하던 때에도 마이크를 들고 건물 옥상으로 올라가, 폭격으로 가옥이 무너지고 민간인 사상자가 속출하는 긴박한 상황을 매일 생방송으로 전했다. "여기는 런던입니다"로 시작해 "편안한 밤 되시고 행운을 빕니다Good night and Good luck"로 끝나는 머로의 생생한 리포트는 당시 제2차세계대전 참전에 부정적이던 미국 내 여론을 돌리는 계기를 마련했다(이후 '굿 나잇 앤 굿 럭'은 머로의 전용 클로징 멘트가 되었다).

전쟁이 끝나고 뉴욕으로 돌아온 에드워드 머로는 라디오 프로그램 〈히어 잇 나우Hear It Now〉를 진행한다. 그러나 오래지 않아 방송 헤게모니는 라디오에서 텔레비전으로 넘어갔고 〈히어 잇 나우〉는 〈시 잇 나우See It Now〉로 바뀐다. 향후 CBS의 간판 심층보도 프로그램 〈60분〉의 모태가 되는 〈시 잇 나우〉에서 머로는, 사실만을 전하는 기존의 보도 패턴에 논평을 더하기 시작한다. 방송을 거듭하며 텔레비전 뉴스란 무엇이고, 방송 저널리스트의 임무는 무엇인가를 스스로 정의해나간 그는 월터 크롱카이트, 댄 래더, 톰 브로코, 피터 제닝스로 이어지는 방송 앵커 저널리즘 시대를 열게 된다.

〈시 잇 나우〉와 머로의 명성은 매카시즘을 정면으로 비판하면서 정점에 오른다. 정계는 물론이고 언론까지 자신들이 공산주의자로 낙인찍힐까봐 침묵할 때, 에드워드 머로는 1954년 3월 9일 〈시 잇 나우〉의 30분짜리 특집 프로그램으로 '조지프 매카시 상원의원에 관한 리포트'를 방송했다. 이 프로그램에서 머로는 매카시의 언행을 조목조목 비판했고 이에 격분한 매카시는 반박 방송을 요청했다. 두 사람의 만남은 약 한 달 뒤인 4월 6일 이루어졌다. 정연하게 논리를 펴는 에드워드 머로와 흥분한 목소리로 인신공격을 퍼붓는 매카시의 모습이 여과 없이 전파를 탔다. 방송을 본 사람들은 두서 없는 매카시의 태도에 매카시즘을 의심하기 시작했고 순식간에 매카시즘에 대한 저항 기류가 전국으로 퍼졌다. 결국 매카시는 청문회에 불려나왔고, 텔레비전은 한 달여 동안 이 과정을 생중계했다.

〈시 잇 나우〉는 1955년 방송을 마감했다. 매카시와의 대결 이후 보수세력의 외압이 끊이지 않은데다, 방송산업의 상업주의가 날로 심해졌기 때문이다. CBS 페일리 회장은 더 많은 광고 수익을 올릴 수 있는 오락 프로그램 편성을 위해 즉 "더 중요하고 돈이 되는 방송을 위해" 〈시 잇 나우〉 종방을 결정했다. 이듬해 우여곡절 끝에 〈시 잇 나우〉는 되살아나지만 불리한 편성시간과 광고 부족으로 인해 1958년 7월 7일 완전히 폐지되었다. 그해 10월 15일 시카고에서 열린 '라디오-텔레비전 뉴스 국장 총회'에 참석한 머로는 텔레비전 상업주의를 이렇게 비판했다. "만일 지금으로부터 100년 후의 역사가들이 미국 3대 텔레비전 방송사의 일주일치 프로그램을 살펴본다고 가정해보자. 그들이 발견할 것은 우리가 현실세계에서 얼마나 격리되어 있는가를 보여주는 타락과 도피의 증거들일 것이다."

에드워드 머로는 1965년 폐암으로 사망했다.

/ 매카시즘

미국 위스콘신 주 출신의 공화당 상원의원 조지프 매카시의 이름에서 파생된 매카시즘은, 정치적 견해가 다른 이들을 공산주의자나 사회주의자로 매도하는 '마녀사냥'을 뜻한다. 사회적 위기감이 팽창될 때 주로 힘을 얻으며, 근거 없는 주장이나 폭로가 주조를 이룬다.

1950년 2월 조지프 매카시는 "국무성 안에 205명의 공산주의자가 있다"는 연설을 했다. 구체적인 증거나 명단도 없었지만 중화인민공화국이 탄생하고 소련이 핵 실험에 성공하는 등 공산세력이 팽창하는 상황에서 그의 발언은 미국인들의 불안을 자극했다. 미국 사회에 잠복해 있는 공산주의자들을 색출해내야 한다는 매카시의 주장이 점차 여론의 지지를 얻자, 분위기를 감지한 공화당이 지원에 나섰다. 혹여나 공산주의자로 몰릴까봐 두려웠던 민주당도 동조했다. 여기에 언론의 선정주의가 더해지면서 서로가 서로를 고발하고, 과거의 작은 경험을 검증하고, 이혼한 전처의 사상까지 따져묻는 비이성의 시대가 열렸다.

1949년에 이미 비미非美활동조사위원회Committee on Un-American Activities를 꾸린 매카시는 가장 먼저 공무원들을 신문했다. 이후 신문할 대상의 범위를 연예 사업자, 교육자, 노조활동가들로 반경을 넓혔고, 그 과정에서 매카시즘은 '비미국(비공화당, 비보수)적인 것'을 포함하여 확장되었다. 그리하여 할리우드 배우와 작가 300여 명이 해고당하고, 부두노동자 3000여 명이 일자리를 잃었으며, 동성애자 또한 색출하여 사회 밖으로 추방되었다. 위키피디아에 따르면 1947~1950년까지 '동성애자로 의심된다'는 이유로 현역 군인 4300여 명이 강제 전역을 당하고, 연방정부 공무원 420여 명이 파면되었다. 영국 배우이자 감독 찰리 채플린이 공산주의자로 몰려 미국에서 쫓겨나고 극작가 베르톨트 브레히트가 독일로 돌아갔으며, 아서 밀러가 위원회에 불려가 조사를 받은 것도 이 시기였다.

'법 위의 법'으로 군림하던 매카시즘은 1952년 '전쟁 영웅'이던 공화당 아이젠하워가 대통령에 당선되면서 정리되었다. 집권 성공으로 전략적 필요가 다한 상황에서 군 고위급 장교들까지 공산주의자로 몰아세운 매카시의 주장은 공화당 내에서도 큰 반발을 불러왔다. 그 결과 그가 고발한 내용의 사실 여부를 심리하기 위해 의회 청문회가 열렸다. 한 달여의 과정 끝에 모든 것이 사실무근으로 밝혀졌으며, 상원에서 매카시에 대한 비난결의안이 압도적으로 통과됨으로써 매카시는 1954년 정치적 사망선고를 받는다. 조지프 매카시는 1957년 알코올중독으로 사망한다.

서울대 국제대학원 박태균 교수는 냉전시대에 출현해서 효용이 다한 서구의 매카시즘이 한국에서는 1987년 정치 민주화 이후에 등장했다고 말한다. 민주화 이전에는 반공정책이 어떤 법제보다 앞섰기 때문에 매카시즘이 조성될 이유가 없었지만, 민주화 이후 사상 통제가 사실상 불가능해지면서 매카시즘이 본격적으로 고개를 들었다는 것이다. 1994년 김일성 주석 사망 이후 불거진 '북한 조문' 사건, "주사파(주체사상파)가 학원 안에 생각보다 깊이 침투해 있고, 주사파 뒤에는 김정일이 있다"는 서강대 박홍 총장의 폭로가 대표 사례다. 당시 박홍 총장은 주장을 뒷받침할 만한 아무런 증거도 내놓지 못했지만 그 자체로 사회적인 파장을 불러왔다. 박태균 교수는 이때부터 불거지기 시작한 친북 좌파에 대한 '색깔론'이 1997년 금융 위기를 거치며 잠시 진정되었다가 김대중·노무현 정부 10년을 거치며 위기감을 느낀 보수 세력에 의해 '종북 좌파'라는 이름으로 재작동하고 있다고 분석하면서 "이런 주장이 한국 사회의 40퍼센트가 넘는 구성원들로부터 아무 비판 없이 받아들여지고 있다는 점에서 매카시즘은 여전히 계속되고 있다"고 지적했다.

/ 종북

종북從北은 핵 실험과 3대 세습, 인권 탄압으로 정당성을 잃은 북한을 무조건 추종하는 세력을 비판하는 개념으로, 2001년 민주노동당과 한국사회당의 노선 논쟁에서 처음 쓰였다. 당시 사회당은 "조선노동당의 사회관이 관철되는 통일에는 단연코 반대한다"면서 '친북'과 구별하기 위해 '종북'이라는 단어를 사용했다. 입장 혹은 태도에 불과하던 종북은 2008년 조승수, 노회찬, 심상정 등이 진보신당을 차리면서 정치적 실체를 얻었다. 민노당 내 민중민주(PD) 계열인 이들은 당내 다수인 민족해방(NL) 계열을 '종북주의자'라고 비판하고 탈당했다.

진보진영 내 언어이던 '종북'은 2012년을 전후로 언론을 통해 일반에게 알려졌다. 19대 총선이 끝난 2012년 5월 통합진보당(이하 통진당) 부정 경선 사건이 터졌을 때, 언론은 통진당의 경기동부연합 인사들이 '종북' 성향이고 이들이 부정 경선과 관련이 있다고 보도했다. 그러자 자유총연맹, 한국시민단체협의회 등 보수 시민단체들이 통진당 의원들을 '종북 주사파 의원'으로 지칭하며 사퇴를 촉구했다. 2012년 7월 19대 국회상임위에서는 자료 제출을 요구받은 국무총리실, 외교부, 국방부 등 정부 부처들이 '종북 좌파 의원이 있어 국가 보안이 염려된다'며 정무위원회에 자료 제출을 거부했다. 『종북백과사전』이 출간된 것도 이 시기다. 이후 종북은 '비非보수'를 총칭하는 단어로 뜻을 넓히며 광범위하게 사용되었다. 2013년 11월 천주교 전주교구 박창신 신부는 '박근혜 대통령 퇴진' 시국미사를 집전한 후 '종북 신부'로 언론의 비난을 받았다. 당시 박신부를 인터뷰했던

CBS 〈김현정의 뉴스쇼〉는 '진행자가 동조하는 듯한 인상을 줬다'며 방송통신심의위원회의 중징계를 받았다. 전교조와 민노총은 이미 오래전에 종북 딱지가 붙었고, 대학에서 마르크스주의를 강의한 강사는 '종북주의자'로 학생의 신고를 받았다. 진보적인 태도와 다른 견해, 학문적 이론까지 종북으로 수렴되는 세태에 춘천교대 김정인 교수는 "2012년 대통령 선거 때 유달리 부상했던 종북 프레임이 2013년 대한민국을 흔든 모든 사건에 작동하는 괴력을 발휘했다"면서 "최근의 종북몰이는 남남 갈등을 조장하는 등 민주주의의 위기를 부르고 있다"고 경계했다.

/ 내란 음모, 정당 해산

2013년 11월 5일 박근혜 정부는 통진당의 정당 해산 심판을 헌법재판소에 청구했다. 북한식 사회주의를 추구하고, 북한의 대남혁명 전략을 따르는 통진당의 목적과 활동이 민주적 기본 질서에 위배된다고 판단해서다. 배경에는 통진당의 핵심인물인 이석기가 주도한 '내란 음모 사건'이 있다. 2013년 8월 28일 국정원은 통진당 이석기 의원 등 130여 명이 지하혁명조직 'RORevolutionary Organization'를 결성하고 북한과 전쟁이 벌어졌을 때 남한 체제를 전복하기 위해 인명 살상과 후방 교란을 모의했다며 이들을 내란 음모 등의 혐의로 기소했다. 내란 음모 사건은 1980년 전두환 신군부가 광주민주화운동을 북한의 지령을 받은 김대중 일당의 소행으로 꾸며낸 '김대중 내란 음모 사건' 이래 33년 만이다. 헌법재판소에서 헌정 사상 최초의 정당 해산 여부를 앞두고 "통진당은 대한민국을 내부 붕괴시키려는 암적인 존재"라는 입장과 "정치적 의견 차이를 적대행위로 몰아붙이는 행위 자체가 민주주의를 무너뜨리는 것이며, 정당의 존폐는 국민의 정치적 선택(선거)에 의해 결정되어야 한다"는 입장이 팽팽하게 대립했다. 2014년 12월 19일 헌법재판소는 RO의 실체를 사실상 인정하고 당의 강령이 '종북'이라는 사실에 근거해 통합진보당 해산을 결정했다.

2015년 1월 22일 대법원은 통진당 해산의 결정적인 근거가 되었던 '이석기 내란 음모 사건'에 대해 최종 선고했다. 대법원 전원합의체는 '내란에 대해 고무적 자극을 주는 일체의 언동'에 해당하는 '내란 선동'은 유죄, '내란 실행의 계획 및 내용에 관하여 두 사람 이상이 서로 통모 합의'하는 '내란 음모'에 대해서는 무죄를 선고했다. 이로써 헌정 사상 최초로 정당 해산까지 불러온 이석기의 '내란 음모 사건'은 '내란 선동 사건'으로 마무리되었다.

복지국가 스웨덴의 비밀

"우리는 몇십 년 몇백 년 뒤에 찾아올
낙원을 준비하며 살아가지 않는다.
낙원은 인류 역사의 시작에도 없었고
마지막에도 없을 것이다."

20세기 초

빈궁해진 노동자에 의한
자본주의의 '자동 몰락'을 확신하는
사회주의자들

© Wikimedia

하지만
조금씩 나아지는
노동자 계급의 생활수준

이러한 현실에
주목했던 한 사람

에른스트 비그포르스 Ernst Johannes Wigforss, 1881~1977

그가 선택한 구체적인 길

'연간 2주간의 유급 휴가'
'출산 및 양육 수당'
'누진적인 상속세와 소득세'

하지만
정책만으로 설득되지 않는 국민들

비그포르스는 평범한 국민과 소통할
'대중 정치인'의 필요성을 깨닫는다
이에 영입한 한 사람

초등교육 4년 학력이 전부
사환, 점원으로 살아온
최하층 노동자 출신의
페르 알빈 한손 Per Albin Hansson, 1885~1946

"훌륭한 집에서는
독식하는 사람도 없고 천대받는 아이도 없다.
다른 형제를 얕보지 않으며
그를 밟고 이득을 취하지 않는다.
약한 형제를 무시하거나 억압하지 않는다.
그리고 이는 '국가'도 마찬가지다!"

그는 모든 국민이 이해하기 쉬운 말로
복지국가를 설명한다

그리고 1932년 총선

국민들로부터 선택받는
한손과 사회민주당(이하 사민당)

하지만 사민당에 맞서 똘똘 뭉치는
반사회주의 정당들(보수당, 자유당, 농민당)

그때 한손이 내린 결단

"농민당을 끌어안아야 한다."

사민당-농민당 동맹

결국 복지위원회는
사민당-농민당의 주도하에
사민당의 복지 프로그램을 처리한다

그러나
1933년 총파업에 들어간 건설 노조

사민당의 선택은 단순한 '중재'가 아닌
'경제 현실 직시'

스웨덴 산업계의 문제에 대한
노사 모두의 공감
본격적으로 추진되는 공공 건설 사업
가라앉는 정치적 불안

1936년
사민당은 재집권에 성공한다

"사민당의 권력이 하나의 시스템으로
자리잡은 현실을 직시하라.
언제든 자신이 원하는 권력을 만들어낼 수 있다는
그릇된 가정에 근거해 행동하지 않는 것이 좋을 것이다."

이후 무려 44년간 집권하며
'성장'과 '분배'라는
두 마리 토끼 모두를 잡는 사민당

하지만

"자본주의와 타협한
줏대 없는 실용주의일 뿐이다!"

"언젠가 공산주의 사회를 이루려는
빨갱이들의 술수일 뿐이다!"

이에 대한 비그포르스의 대답

'이념'이 아닌 '사람'이 목적이다

"경제 메커니즘 앞에
비굴하게 머리를 조아리라는
소리에 맞서서 이렇게 요구하십시오.
인간이 자신들 생산도구의
주인이 되어야 하며
노예가 되어서는
안 된다고 말입니다."

— 에른스트 비그포르스

/ 에른스트 비그포르스

에른스트 비그포르스는 1881년 1월 24일 스웨덴 할름스타트에서 태어났다. 화가이자 신실한 루터파 기독교도였던 아버지 아래서 종교적 윤리의식을 체화했으며, 공동체 안에서 사람들 사이에 생기는 깊은 유대와 연대감을 신뢰했다. 부친의 직업적 특성상 가정형편은 종종 어려웠는데, 이때 경험했던 가난이 비그포르스를 사민주의와 노동자 현실에 주목하게 만들었다.

당시 스웨덴은 급격한 산업화를 겪으며 자본주의의 온갖 모순을 경험하고 있었다. 노동자들은 노예 상태로 전락해 문화적으로나 도덕적으로 퇴락한 존재가 되었다. 그러나 우파 정부는 정신적·물질적 상태를 개선해 노동자들을 사회 일원으로 끌어안기는커녕, 오히려 문화와 제도로 이들을 차별하고 멸시했다. 소년 시절 조화로운 공동체 사회를 지향하는 그리스 고전과 18세기 독일철학에 심취했던 비그포르스는 이러한 부조화와 불평등에 분노했고, 현대 산업사회에서 어떻게 하면 예전의 공동체 관계를 회복할 수 있을 것인가를 고민하기 시작했다.

　1899년 룬드 대학에 진학한 비그포르스는 본격적으로 사회주의적 정치활동과 이론적 연구활동을 병행했다. 1903년 사민당 청년 조직인 사회주의청년연맹에 가입했고, 독일어와 스칸디나비아어를 공부하며 외국의 이론들을 체계화했다. 독일 사민당의 영향을 받았지만 체계적인 이론을 공부한 이는 별로 없던 스웨덴 사민당에서, 비그포르스는 곧 핵심 이론가로 부상했다. 제2인터내셔널을 분열시킨 독일 사민당의 이른바 '수정주의 논쟁'에 대해 스웨덴 사민당의 입장을 대변한 것도 비그포르스였다. 「역사적 유물론과 계급 투쟁」에서 그는 "사회주의란 증명될 수 있는 게 아니라 우리가 현실에 실현해주기를 기다리는 이상이며, 이를 실현하는 것이 사민당의 역할"이라고 천명함으로써 실천 없는 이론과 이론 없는 실천 사이에 '제3의 길'을 냈다. 그리고 이것은 '노동자 해방'이라는 사회주의 이상을 공유하되, '그날'이 오기만을 기다리는 수동적인 태도는 취하지 않겠다는 스웨덴 사민당의 노선이 되었다.

　1919년 국가 주도의 일자리 창출, 노동시간 단축, 사회복지 확충, 은행·보험의 사회화 등을 골자로 한 '예테보리 강령'(지나치게 급진적이라는 이유로 배척받았다)과 '잠정적 유토피아' 개념은 여기서 비롯되었다. 비그포르스는 사민당의 의무가 갑갑한 현실세계에 사는 사람들의 꿈에서 출발해 사회가 지향해야 할 미래 사회의 모습, 즉 유토피아를 생생하게 그려내는 데 있다고 생각했다. 따라서 구체적인 쟁점을 붙잡고 이를 현실화할 수 있는 정책을 마련해야 하며, 이 과정에서 자유, 평등, 민주, 연대 등 사민주의의 가치와 이념을 길잡이로 삼아야 한다고 주장했다. 이렇게 나온 정책이 모두 실현되었을 때 도래할 사회가 바로 잠정적 유토피아다. 그러나 이것은 궁극적인 목표가 아니라 목표에 도달하는 과정에 불과하다. '잠정적'이라는 수사가 이 점을 일깨운다.

1928년 사민당 당수 페르 알빈 한손은 비그포르스가 설계한 잠정적 유토피아를 '국민의 집Folkhemmet'으로 제시했다. '국민의 집'은 모든 국민에게 안락한 가정을 제공하겠다는 포괄적인 복지개념을 함축한 조어로, 1976년까지 사민당 정책의 중심이 된다(그러나 정작 비그포르스는 '국민의 집'에 담긴 가부장적 함의를 못마땅하게 여겨 한 번도 입에 담지 않았다). 1930년 세계대공황이 스웨덴을 덮쳤을 때에는 국가가 직접 시장에 개입해 일자리를 창출하는 '나라살림의 계획'을 내놓았다. "산업 생산의 효율성"이라는 사민적 가치를 '실업 문제 해결'이라는 현실적 문제에 투영해 '더 높은 생산성을 달성하는 완전고용 사회'로 그려낸" 비그포르스의 비전에 힘입어 사민당은 1932년 총선에서 대승을 거둔다.

1932년 비그포르스는 한손 내각의 재무장관에 임명되었다. '당내 가장 대담한 인물'로서 그는 보수성향의 농민당과 동맹을 맺은 후 경제구조를 근본적으로 뒤집는 개혁정책을 단행하고, 임금 투쟁에 주력해왔던 노동운동 진영을 설득해 동일노동 동일임금의 '연대임금정책'을 도입했다. 1938년에는 노사 대표와 함께 노동조합이 파업을 자제하는 대신 국가 차원의 성장전략을 모색하는 '살트세바덴 대타협'을 이루는 등 파격 행보를 연이었다. 물가 안정, 균형재정, 불황과 실업 해결, 성장과 분배라는 한 손에 담을 수 없는 난제들을 모두 해결하며, 비그포르스는 재임 17년 동안 스웨덴식 사민주의와 복지국가의 초석을 다졌다.

"일생을 재무장관으로 사는 것은 상상만으로도 끔찍한 일"이라고 생각했던 비그포르스는 1949년 관직을 사임하며 중앙정치 무대에서 퇴장했다. 그러나 조화로운 공동체에 대한 고민은 중단되지 않았다. 1959년 비그포르스는 『정체 상태를 타개할 수 있는가? 일상정치와 유토피아』에서 생산수단을 개인이 아닌 집단이 갖는 또다른 '잠정적' 유토피아를 그려 보였다.

/ 사회민주주의

　사회민주주의(이하 사민주의)는 사회주의의 한 분파로서 19세기 서유럽의 노동운동 과정에서 파생되었다. 마르크스주의에 입각한 생산수단의 사회적 소유와 관리를 원칙으로 하되, 민주적인 방법으로 자본주의 사회를 사회주의 사회로 개조해나가야 한다는 입장을 표명했던 사민주의는 카를 마르크스가 중심이 된 국제노동자연맹, 제1인터내셔널 시대(1864~1876)까지만 하더라도 반자본주의 진영 전체를 아울렀다. 그러나 1890년 독일 사민당 내에서 벌어진 '수정주의 논쟁' 이후 공산주의와 갈라져 독자노선을 걷게 된다. 사민당의 거두 에두아르트 베른슈타인은 당시 유럽의 경제·사회 상황을 실증적으로 분석한 결과 마르크스의 예언대로 붕괴할 조짐이 보이기는커녕 오히려 발전하는 양상을 보인다면서, 프롤레타리아혁명 대신 점진적

에두아르트 베른슈타인

카를 카우츠키

인 사회 개혁으로 사회주의의 목표에 도달하자고 말했다. 마르크스 교리를 '수정'하자는 베른슈타인의 주장이 마르크스를 따라야 한다는 카를 카우츠키의 주장과 충돌한 결과 독일 사민당은 삼분되었고, 이들을 중심으로 1889년 결성된 제2인터내셔널도 붕괴했다. 블라디미르 레닌은 사회주의 연대를 무너뜨린 베른슈타인을 '개량주의자'로 매도하면서 공산주의라는 이름을 새로이 내걸었다.

사회주의 이상을 좇으며 자본과 시장을 부정하기보다는 '자본의 사회적 통제'를 중시하는 정치적 기획이자 가치관으로서 사민주의는 자유, 평등, 연대, 생태, 평화, 인권 등 기본방향을 제외하고는 시대와 국가에 따라 다양한 형태를 띠었다. 이를테면 제2차세계대전부터 1950년대까지 유럽의 사민주의는 자유주의 시장경제와 소련식 공산주의를 절충하는 형식을 취했다. 영국 노동당 정부가 기간산업을 국영화하고, 케인스주의에 기반을 둔 완전고용 정책을 추진하고, 국가주도의 사회복지 시스템을 구비한 것이 한 예다. 이후 1970년대 중반까지 사민주의는 경제 성장을 바탕으로 시장을 통제하기 위한 정치적 수단을 개발하고, 부를 재분배하는 사회구조를 갖추는 데 주력했다. 그러나 1970년대 초중반 '오일쇼크'와 함께 도래한 자본주의의 구조적 위기에 케인스주의적 정책이 별다른 효력을 발휘하지 못하자, 스웨덴을 비롯한 대다수 사민주의 정부들은 신자유주의로 방향을 틀었고 결국 실권했다.

1990년대 사민주의는 분위기를 일신하고 정치 전면에 재등장했다. 토니 블레어의 영국 신노동당처럼 '제3의 길'을 표방한 사민주의는 노동자 대신 중산층을 정치적 짝패로 삼고 신자유주의적 이념을 사회 구성 원리로 수용했다. 그 핵심이 노동시장을 공격적으로 재구성하는 데 있었기에 완전고용, 재분배 등 지난날의 가치들은 줄줄이 축소되거나 폐기되었다. 그 결과 양극화가 가중되고 하층민의 삶은 점점 고달파졌다. 사민주의자들이 반전, 반핵, 반인종주의 등 중산층을 꾀어낼 '이미지 운동'에 주력하는 동안 전통적 지지자였던 노동계급이 대거 이탈하면서 사민당은 또다시 실각했다.

오늘날 유럽에서 사민주의 정당은 입각과 실각을 반복하며 명맥만 유지하는 실정이다. 기회만 주어진다면 얼마든지 새로운 정치를 보여줄 수 있으리라는 기대는 2008년 금융 위기를 거치며 무너졌다. 국가 부도를 맞은 그리스와 경제 위기에 처한 스페인·포르투갈의 집권당인 사민당은, 강도 높은 구조조정과 재정 긴축을 시행하며 신자유주의자보다 더 신자유주의적인 태도를 취했다.

2012년 대선 이후 복지국가 담론이 계속되면서, 한국에서도 무능한 양당체제와 실업, 사회 양극화, 인구 고령화 등 한국 사회의 당면 문제에 사민주의를 처방전으로 삼자는 주장이 언급되었다. 이때 사민주의는 1990년대 사민주의의 껍질을 쓰고 한국에 수용된 진보적 자유주의나, 현 유럽의 사민주의가 아닌 '비그포르스의 사민주의'다. 물론 반론도 있다. 신자유주의 시대를 통과하면서 사민주의가 이미 무능력을 증명했고, 무엇보다 노동의 힘을 키우고 자본의 힘을 억누를 의지도 방법도 없는 한국적 현실 안에서 설령 사민주의적 정책을 마련한다 한들 유지가 될 수 있겠느냐는 것이다. 실제로 2012년 대선에서 '경제민주화'를 핵심 공약으로 내세웠던 박근혜 대통령은 집권 1년 만에 '경제활성화'로 슬그머니 말을 바꿔 공약을 대체했다. 2013년 말, 경제민주화 공약의 후퇴와 폐기에 반발해 새누리당을 탈

당한 전 청와대 경제수석 김종인은 "대통령의 경제민주화에 대한 의지는 없어져버린 것 같다. 남은 임기중에도 다시 그것을 추진할 수 있다고는 상상할 수도 없다"고 말했다. 이에 대해 오슬로 대학 박노자 교수는 노동력이 일회용 부품이 돼버린 오늘날 비그포르스 시대의 '계급대타협'은 꿈도 꿀 수 없는 일이라고 비판하고, 사민주의에 앞서 "자본에 대한 공세를 기축으로 한 이 사회 모든 약자들의 총집결"을 주장했다.

SIDE A / TRACK 03

주교 지학순

"저는 버스 차장 일을 하면서
어머니의 병 치료비와 동생의 학비 때문에
하루에 300원씩 삥땅을 하고 있습니다.
그런데 저는 가톨릭 신자입니다.
양심의 가책을 받아 교회에 나가지 못하고 있습니다.
제가 저지른 삥땅이 죄가 되는지 여쭙고 싶습니다."

이에 대한
주교의 답변

"(버스 차장의) 삥땅은 죄악이 아니다."

버스 차장의 삥땅이
죄가 아닌 이유

일반 직장인보다 약 160시간을
더 일하고도
반도 안 되는 월급을 받았던
버스 차장들

그러므로
"하루에 300원, 400원을
삥땅하는 것은
자기 권리를
주장하는 것이며
기업주들의
운영 불합리에서
나오는 책임을
여차장들이 질 수는 없다."

하지만
주교가 절대 참을 수 없었던
'삥땅'

원주 교구가 40퍼센트의 지분을 참여한
원주 문화방송이
공금 횡령 등 온갖 부정을 저지르고도
5·16장학재단을 등에 업고
회계감사 요구조차 묵살한 일

그는 정부를 향한
대규모 '부정부패 반대' 집회에 앞장선다

이후
주교에 대한
'출국 금지'(1972), 주교 해임 요구 등
정권의 끊임없는 견제와 탄압

급기야는
해외에서 회의 참석 후 귀국하던 주교를
공항에서 '긴급 체포'(1974)한다

정부를 비판하고
데모를 주동하는 학생들에게
100만원의 자금을 건넸다는 혐의였다
(민청학련 사건 관련)

이는
사형까지 선고 가능한
긴급조치4호 위반

다행히
김수환 추기경과 신자들의 노력으로
간신히 석방되지만
주교는 여기서 멈출 수가 없었다

"지 주교는
민청학련으로 구속된 이들의
목숨을 구하려면
당신 자신이 같은 죄목으로
감옥에 들어가야 한다고 생각했다."
―『추기경 김수환 이야기』

"본인은 양심과 하느님의 정의가
허용치 않으므로 소환에 불응한다.
소위 유신헌법이라는 것은
1972년 10월 17일에 민주 헌정을
배신적으로 파괴하고
국민의 의도와는 아무런 관계 없이
폭력과 공갈과 국민투표라는 사기극을 통해
조작된 것이기 때문에
무효이며 진리에 반대되는 것이다."

서슬 퍼렇던 독재정권을
'무효'로 규정하는
파격적인 주장

화가 머리끝까지 난 정권은
주교는 물론
타자를 쳐준 수녀,
영문 번역한 변호사,
현장에서 체포를 저지한 신부들까지
줄줄이 연행한다

결국
징역 15년, 자격정지 15년을
선고받는 주교

이 판결로 인해 생겨난
수많은 지학순들

'천주교정의구현전국사제단'을 결성하여
독재정권에 정면으로 맞서는
사제들

사제들의 용기에 힘입어
전국적으로 퍼져나가는
반유신 반독재 물결

결국
투옥 226일 만에
출감하는 주교

그가 원주시에 도착했을 때
3만 명의 원주 시민들이
그를 기다리고 있었다
(당시 원주시 전체 인구 10만 명)

© 천주교정의구현전국사제단

"교회가 사회 문제에 직면했을 때
취해야 할 태도는
무산자에게는 참을성을 설교하고
유산자에게는 너그러움을 찬양하는 일이 아니며
문제를 얼버무리지 않고
그 원인을 똑바로 규명하여
해결점을 정확히 제시하는 데 있다."

— 지학순 1921~1993

© 지학순정의평화기금

/ 지학순 주교

1921년 9월 9일 평안남도 중화에서 태어난 지학순은 1949년 3월 함경남도 덕원신학교 신학과에 진학하면서 본격적으로 사제의 길을 걸었다. 입학한 지 오래지 않아 공산정권이 학교를 폐쇄하는 통에 천신만고 끝에 서울로 월남, 이듬해 1월 성신대학(현 가톨릭신학대학)에 편입했다. 얼마 지나지 않아 한국전쟁이 발발하자 자원입대하여 강원도 횡성 전투에서 부상을 입고 1952년 전역할 때까지 국군으로 싸웠다. 같은 해 12월 피난지인 부산 대청동 주교좌대성당에서 사제 서품을 받고 거제포로수용소 등에서 봉직했으며, 1959년 로마 프로파간다 대학(현 우르바노 대학) 대학원에서 교회법 석·박사 학위를 이수했다. 1965년 주교 서품을 받고 천주교 원주교구의 초대 교구장이 되었다.

그 시절 천주교는 요한 23세 교황이 소집한 제2차바티칸공의회 정신에 따라 '아조르나멘토aggiornamento'가 한창이었다. 이탈리아어로 '적응과 쇄신'을 뜻하는 아조르나멘토는 세상을 향해 열린 교회를 지향하는 운동으로서, 일평생 지역사회 문화운동, 신용협동조합운동, 수재민 구호활동, 노동자 교육, 반독재·부정부패 척결운동, 양심수 석방 및 민주화운동, 인권보호운동 등에 앞장선 지학순 주교의 신앙적 지침이 돼주었다.

지학순 주교와 박정희 정권의 대립은 1970년 원주문화방송국 설립 과정에서 표면화되었다. 당시 원주교구는 박정희의 동서가 맡고 있던 5·16장학재단과 방송국을 세우기로 협의하고 분담금과 방송국 건물을 내놓았는데, 장학재단은 협력은커녕 공금까지 마음대로 유용하는 부정을 저질렀다. 이 사실을 박정희에게 알렸으나 아무 답이 없고 장학재단까지 안하무인격으로 나오자, 지학순 주교는 1971년 10월 5일 원주 원동성당에서 부정부패 규탄대회를 열고 가두시위를 벌였다. 천주교회 사상 최초로, 주교가 진두지휘한 대정부투쟁이었다. 박정희 정권은 그 보복으로 이듬해 여름 장마로 수해를 입은 사람들을 돕기 위해 외국에 원조를 요청하러 가는 주교를 출국 금지하고 연금했다.

갈등은 1972년 10월 17일 박정희 정권이 위헌적 계엄령과 국회 해산 및 헌법 정지를 골자로 하는 유신을 단행하면서 심화되었다. 지 주교는 반민주적인 유신정권을 지속적으로 비판했고, 박정희는 1974년 7월 6일 해외순방에서 돌아오던 그를 김포공항에서 긴급 체포했다. 민청학련 사건과 관련해 내란을 선동하려는 목적으로 시인 김지하에게 자금을 주었다는 혐의였다(민청학련 사건은 박정희 정권이 유신반대운동을 벌이는 학생, 종교인, 학계 인사 등 1024명을, 반국가단체를 만들어 국가 반란, 공산혁명, 무력혁명을 추구했다는 혐의로 구속한 사건이다). '주교 구속'이라는 전대미문의 사태에 한국천주교주교회의는 7월 10일 '정의의 실천은 주교들의 의무'라는 성명을 내고 지 주교의 구명에 나섰다. 덕분에 잠시 석방된 지학순 주교는, 7월 23일 정부 소환을 앞두고 '유신헌법은 무효'라는 내용의 양심선언을 내외신 기자 앞에서 발표했다.

"본인은 1974년 7월 23일 오전, 형사 피고인으로 소위 비상군법회의에 출두하라는 소환장을 받았다. 그러나 본인은 양심과 하느님의 정의가 허용치 않으므로 소환에 불응한다. (…) 첫째 유신헌법은 무효이고 진리에 반한다, 둘째 유신헌법은 인간의 양심을 파괴할 것이다, 셋째 긴급조치 1·4호는 역사상 가장 참혹한 자연법 유린의 하나다, 넷째 내 죄목인 내란 선동은 조작된 것이다, 다섯째 비상군법회의는 꼭두각시다. (…) 이상 기록한 것이 나의 기본적 주장이며 생각이다. 이외에는 어떠한 말이 나오더라도 나의 진정한 뜻에서 나오는 말이 아니라 타의에 의한 강박에서 나온 것임을 알아주기 바란다."

선언 직후 지 주교는 중앙정보부에 체포돼 징역 15년, 자격정지 15년을 선고받았다. 이를 기점으로 비교적 보수적이던 한국 천주교는 천주교정의구현전국사제단을 결성하는 등 정의구현을 위한 집단행동에 나섰다. 또한 지 주교의 양심선언은 고문에 못 이겨 작성한 허위진술서에 대한 저항법으로서 향후 전개되는 양심선언운동의 전범이 되었다.

생애 전체를 인권과 민주화, 사회복지운동에 내던진 지학순 주교는 1993년 3월 12일 지병인 당뇨가 악화돼 선종했다. 1997년 주교의 뜻을 잇고자 '지학순정의평화기금'을 조성하고 해마다 정의평화상을 지정해 수여하고 있는데, 4주기 추모미사와 함께 시상한 제1회 정의평화상은 민주노총이 받았다.

/ 천주교정의구현전국사제단

1974년 8월 9일 지학순 주교가 중형을 선고받자 9월 26일 원주 성직자 세미나에 참석한 사제 300여 명은 천주교정의구현전국사제단을 결성하고 인권과 민주주의 회복을 위한 기도회를 계속하기로 결정했다. 이에 9월 28일 명동성당에서 '순교자 찬미 기도회'를 열고 유신헌법 철폐와 민주헌정 회복을 전면에 내건 제1시국선언을 발표함으로써 교회가 유신 반대운동에 나섰음을 공식적으로 알렸다. 박정희 정권은 "일부 종교인들이 종교 본연의 위치를 벗어나 정치활동에까지 지나치게 관여하고, 법질서를 혼란시켜 사회 혼란을 조장하는 언행을 거듭하고 있다"면서 이들의 행보를 비난했다. 그러나 사제단은 "어떤 정권도 하느님 나라의 기준에 따라 비판받을 수 있다"고 대응하면서 유신헌법반대운동, 긴급조치무효화운동, 자유언론실천운동 등 반독재운동을 전개, 향후 한국 민주화운동사에서 독특한 위치를 점했다.

이후 1980년 사제단은 5·18 광주민주화운동의 진상을 밝혀 전두환 정권의 만행을 폭로했다. 1987년에는 서울대 학생 박종철군 고문 치사 사건을 드러내 6월항쟁에 불을 댕겼다. 1989년에는 문규현 신부를 북으로 파견해 당시 방북중이던 임수경 학생과 함께 귀환함으로써 국가보안법 반대여론을 조성했으며, 2007년에는 '자본의 독재에 맞서 경제 민주주의와 정의를 옹호하고자' 김용철 변호사와 함께 삼성 비자금 조성 의혹을 폭로했다. 이 과정에서 최기식, 함세웅, 문정현, 정호경, 문규현 신부들이 '환상적 낭만주의자' '허위사실 유포·선동자' '간첩' 등의 오명을 쓰고 옥고를 치렀으나, 사제단은 제주 해군기지, 4대강, 용산 참사, 쌍용차, 밀양 송전탑, 세월호 등 굵직한 정치·사회적 이슈마다 뭇 없는 자들의 목소리를 대변했다.

2013년 11월 22일 천주교정의구현전국사제단 전주교구는 '18대 대통령선거 국정원 개입'을 이유로 군산 수송동성당에서 '불법 선거 규탄과 대통령 사퇴를 촉구하는 미사'를 집전했다. 새누리당 윤상현 원내수석부대표가 '종북 신앙'이라고 미사를 폄훼한 가운데, 박근혜 대통령은 "분열과 혼란을 야기하는 일들을 용납하거나 묵과하지 않겠다"고 경고했다. 사제단은 12월 5일 성명을 내서 대통령, 각료들, 여당이 강론의 취지를 왜곡하고 이념의 굴레를 뒤집어씌움으로써 한국 천주교회를 심히 모독하고 있다고 비판했다. 특히 종북 논란에 대해서는 "뒤가 구린 권력마다 지겹도록 반복해온 위기 대응방식"이라고 일축했다.

/ 정교분리

정치와 종교, 국가와 교회·사원을 분리하도록 한 정교분리 원칙은 미국 독립전쟁과 프랑스혁명의 산물이다. 18세기 말 영국과 치른 독립전쟁에서 승리한 미국은 1791년 비준된 수정헌법 제1조에 '국교 설립 금지'를 명시했다. 식민지 시절 구교인 영국 주정부가 신교인 미국에 종교를 빌미로 각종 간섭과 차별을 자행한 일을 기억하고 그 폐해를 막으려 한 것이다. 한편 영국을 견제하기 위해 독립전쟁에서 미국을 지원한 프랑스는 과도한 지출로 인해 재정난에 허덕였다. 부족한 왕실 재정을 수탈로 채우면서 서민들의 삶은 나날이 고달파졌고, 지배계급에 대한 불만도 날로 커졌다. 여기에 계속되는 기근과 흉년, 신흥 부르주아의 등장, 미국의 독립으로 고취된 자유의식이 더해지자 1789년 프랑스혁명이 일어났다. 계몽주의의 영향을 받은 프랑스 혁명정부는 교회가 과도하게 정치에 개입했던 과거와 결별하고 군주정 부활을 방지하고자 정교분리를 주장했다. 이들의 바람은 즉각 구현되지는 않았으나 제3공화정 정부에 영향을 미쳐서, 1905년 정교분리법으로 결실을 맺었다.

미국이 선도하고 프랑스가 뒷받침한 정교분리 법제화/담론은 서구 사회로 점차 확장되었다. 20세기에는 한국을 비롯한 상당수 비서구 국가가 이러한 흐름에 동참하며 세계는 정교융합에서 정교분리의 질서로 서서히 이행했다.

명문화된 정교분리의 핵심은 국가가 특정 종교를 지지하거나 우대하거나 차별하거나 금지할 수 없도록 함으로써 종교에 자유를 부여한 것이다. 한신대학교 강인철 교수에 따르면, 정교분리로 인해 권력이 제멋대로 종교를 이용할 수 없고 종교도 권력의 눈치를 볼 필요가 없어지면서 종교에는 다섯 가지 변화가 일었다. 첫째, 종교가 권력과 분리되는 탈권력화가 촉진되었다. 둘째, 종교를 국가 권력의 족쇄에서 해방시켰다. 셋째, 종교에 자유, 특히 저항과 비판적 정치 참여의 자유를 제공했다. 넷째, 정치/국가에 대한 접근방식에서 종교의 '자율'과 '선택권'을 최대한 확장시켰다. 이로써 정치 참여 여부와 정도를 놓고 종교 내에서 격론을 벌이는 일이 자연스러운 풍경이 되었다. 다섯째, 종교인의 정치행위가 사회적 신뢰를 얻기에 더 유리한 환경이 만들어졌다.

문제는 정교분리의 목적을 '권력의 종교 간섭 금지'가 아니라 '종교의 정치 참여 금지'로 오해할 때 생긴다. 2013년 11월 천주교정의구현전국사제단이 '국가기관이 개입한 명백한 불법선거에 책임지라'며 퇴진 시국선언을 하자 중앙일보가 11월 25일자 사설에서 "정교분리를 명시한 헌법정신에 어긋난다"고 비판한 것이 비근한 예다. 이에 대해 주교회의 정의평화위원회는 12월 11일 성명을 통해 "정교분리 원칙을 거론하며 교회의 현실 참여에 대해 일각에서 과도하게 우려하는 것은 교회의 가르침을 매우 폐쇄적이고 협의적으로 이해했기 때문"이라고 밝혔다. 일찍이 주교회의는 '쇄신과 화해'라는 문건을 통해, 민족이 고통당하던 일제강점기에 정교분리를 이유로 민족 독립에 앞장선 신자들을 돕지 못했던 일을 반성한 바 있다.

정교분리에 대한 오해는 종종 세속적 이해관계에 오용되기도 한다. 2014년 11월 24일 정부는 당초 시행키로 했던 종교인에 대한 소득세

법 적용 시기를 2년 더 유예한다고 밝혔다. 1994년부터 기독교계는 자발적으로 세금을 내고 있고 불교계도 납세에 동의했지만, 일부 개신교계가 반대한다는 이유에서다. 개신교 측은 "가이사의 것은 가이사에게, 하나님의 것은 하나님께 바치라"는 『마태복음』 22장 구절을 앞세워 목회자가 세금을 내는 것이 정교분리에 위배된다고 주장하고 있다. 종교인 과세는 1968년 이낙선 초대 국세청장이 천명한 이래 47년간 답보 상태이며, 정교분리를 명문화한 OECD 회원국 중 종교인에게 과세하지 않는 국가는 대한민국이 유일하다.

5
MIN

SIDE A / TRACK 04
역사를 잊은 민족

하나, 우리는 대일본 제국의 신민이다
둘, 우리는 마음을 합해 천황폐하에게 충의를 다한다

1919년 식민지 조선

조선총독은
독립운동가 색출, 언론 탄압은 물론
아이들의 교실에 칼을 찬 교사를 배치한다

"더이상 이렇게 살 수 없다."

1919년 3월 1일

'우리는 조선이 독립국임을 선언한다!'

참여 인원 50여만 명
시위 횟수 1500여 회

사망 7509명
부상 1만 5961명
구속 4만 6948명

죽어간 사람들을 보며
차오르는 조선 사람들의 분노

'누가 조선의
새로운 지도자로 적합할 것인가.'

그때 거론되는 한 사람

세련된 화술
소탈한 성격의 사이토 마코토

"사이토 대장과 함께 있으면
우아한 살롱에 앉아
조용히 이야기 나누는 느낌이 듭니다."

그리고
새로운 총독에 대한 환영 행사가 열린
9월 2일 남대문

백발이 성성한 노인이
마차를 향해 폭탄을 던진다

난리를 뒤로하고 현장을 빠져나가
새로운 비전을 준비한
사이토 마코토

"힘의 시대는 끝났다.
이제부터 조선인의 지위를
일본인과 동등하게 하기 위해
문화통치를 실시한다."

보통 경찰제도

지방행정에 조선인 참여
교육 기회 확대
언론 출판의 자유 허용

다양한 방식으로 민심을 달래는
부드러운 통치

하지만

고등 경찰제 도입으로
독립운동가 색출
치안 유지법 도입으로
합법적인 탄압
언론 자유가 아닌
언론 관리
교육 기회 확대가 아닌
친일 교육 기회 확대

관직은
소수의 친일파에게만 개방

그 결과

'나도 노력하면
피지배자에서
지배자가 될 수 있다.'

일본에 대한 분노는
계급 이동의 욕망으로 전환된다

그럼에도

우리가 누구인지
어떤 문화와 가치를 지녔는지에 대해
변하지 않는 '기억'

일본은 식민지 역사교육기구를
일왕의 칙령으로
'조선사편수회'로 격상한다

이완용(조선사편수회 고문)
박영효(조선사편수회 고문)

도쿄대 출신
일본 최고의 사학자들

사업 기간 16년
사업 비용 약 100만엔
(현재 가치 약 200억원)

총37권의
『조선사』

친일 교육을 통해 성장하고
문화통치의 구조를 경험한
역사를 잊은 새로운 세대

하나, 우리는 대일본 제국의 신민이다
둘, 우리는 마음을 합해 천황폐하에게 충의를 다한다

— 황국신민서사(어린이용)

"내가 자나깨나 잊을 수 없는 것은
우리 청년들의 교육이다.
내가 죽어서 청년들의 가슴에
조그마한 충격이라도 줄 수 있다면
그것은 내가 소원하는 일이다.
언제든지 눈을 감으면
쾌활하고 용감하게 살려는
전국 방방곡곡의 청년들이 눈에 선하다."

— 사이토 마코토를 암살하려 했던 강우규의 유언 중

/ 문화통치

1919년 3·1운동으로 식민지 조선의 저항의식이 전 세계에 알려지고, 이에 따라 악화된 세계 여론을 잠재워야 했던 일본은 강압적이던 그동안의 통치방식을 수정한다. 미국 유학파에 주미일본공사관 주재 무관을 지내는 등 국제적인 안목과 매너를 갖춘 사이토 마코토 해군 대장을 새로운 총독으로 임명해 분위기를 바꾸려 한 것이다. 야마모토 내각의 실각과 함께 정계에서 물러났던 사이토 마코토는 제3대 조선총독에 취임하면서 정치 전면에 재등장했다.

1919년 9월 2일, 조선에 입국해 이튿날 조선총독부에 등청한 사이토는 "문화적 제도의 혁신을 통해서 조선인을 가르치고 이끌어 그 행복과 이익을 증진하고, 장래 문화의 발달과 민력民力의 충실에 따라 궁극적으로 정치적, 사회적인 대우도 내지인과 동일하게 하는 것을 목적으로 한다"는 훈시를 통해 새로운 시정 방침을 밝혔다. '내지연장주의内地延長主義'로 요약되는 새 방침은 천황의 '일시동인一視同人' 정신에 따라 조선인도 일본인과 똑같이 처우하되, 천황의 뜻에 따르지 않는 자는 '불령행동자不逞行動者'로 간주해서 가차없이 처벌하겠다는 내용을 골자로 한다.

치안 유지, 교육의 보급·개선, 산업개발, 교통·위생의 정비, 지방 제도 개혁을 핵심 과제로 꼽은 「조선통치에 관한 5대 정강」이 발표되면서 식민지 조선에 대한 통치방식은 '무단통치'에서 이른바 '문화통치'로 바뀌었다. 헌병 경찰은 보통 경찰로 전환되었고, 조선·동아일보 등 민족계열의 신문 발행도 허용되었다. 조선인의 교육 기회를 확대하는 한편 민족학교 설립이나 각종 의식 개혁운동도 묵인했다. 동시에 경찰 인원과 예산을 세 배 이상 늘려 감시 사회를 조성하고 저항세력을 제거했으며, 언론에 대한 검열을 하는 한편 조선 문화에 대한 열패감을 조장하는 식민지 교육을 강화했다. 특히 조선통치의 성패가 친일세력 확보와 그들을 활용한 민족 분열에 달렸다고 판단한 총독부는 최린, 이광수, 최남선 등 식민지 명망가들을 회유하는 데 공을 들였다.

문화통치는 경제 대공황과 만주사변, 태평양전쟁 등을 거치면서 일본의 식민지정책이 '조선의 병참기지화' '국민총동원령'과 '내선일체'를 표방한 '말살정치'로 바뀌면서 사실상 종결되었다.

/ 식민주의

미국 문학평론가 에드워드 사이드는 오리엔탈리즘을 '제국주의 시
대 서양이 동양을 지배하고 재구성하고 억압하기 위해 발명한 사고
방식'이라고 정의했다. 서구인들은 전 세계에 수많은 문화가 존재하
는데도 이를 '동양'이라는 하나의 단어로 명명했으며, 동양을 서양의
정체성을 확립하는 대상으로 삼았다는 것이다. 서구인들은 근대화되
고 문명화된 자신들에 비해 동양인은 게으르고 무능하고 열등하다
고 생각했으며, 야만적인 동양을 식민지화하여 그들을 구원한다는
식으로 서구의 식민 지배를 정당화했다.

1854년 일본은 이러한 논리로 무장한 서구 열강과 불평등조약을
맺고 강압적으로 문호를 개방했다. 이후 일본은 천황은 높이고 서구
열강은 배척하는 '존왕양이尊王攘夷운동'과 계급 철폐, 서양식 제도
도입 등을 골자로 한 '메이지유신'을 동시에 단행하며 근대화에 성공
한다. 『포스트콜로니얼』의 저자 고모리 요이치는 이로써 '동화와 배
제'라는 일본의 식민주의적 무/의식이 구조화되었다고 말한다. 우선
일본은 전통 가치인 천황의 권위를 다시 세우는 '존왕'이라는 명분 아
래 '문명개화'라는 서구의 오리엔탈리즘적 논리와 가치를 모방하면
서 내재화한 자기 식민지성을 감춘다. 그다음 서구 열강과 대등한 문
명인이 되었다는 증거를 찾는데, 단순히 근대화만으로는 충분치 않
다. 문명과 야만은 서로를 비추는 거울이며, 문명인은 이를 비추는 야
만인이라는 타자가 있어야만 존재하기 때문이다. 이것이 오리엔탈리
즘의 요체이자 일본의 식민주의 전쟁을 추인한 심리적 동인이다. 서
구와 비교할 때 야만일 수밖에 없는 일본이 문명이 되려면, 일본과 비

교할 때 야만일 수밖에 없는 나라를 식민지로 삼아야 한다. 1869년 아이누의 땅 홋카이도를 '주인 없는 땅'으로 명명하면서 식민지화하고, '정한론征韓論'을 내세워 조선을 식민지로 만들고, 만주와 중국, 타이완을 차례로 점령한 일련의 과정들이 이를 증거한다. 고모리 요이치는 결국 일본의 문명개화는 서구 열강의 논리와 가치관에 입각해 자기를 철저히 개변하려는 자기 식민지화에 불과하다고 분석했다.

식민지 조선의 지식인도 일본과 같은 방식으로 제국주의 열강을 모방하려는 '식민지적' 의식과 무의식을 구축했다. 그들은 일본을 모방하는 것만이 조선의 살 길이라고 여겼다. 그런 의미에서 식민지 지

식인들은 이중의 자기 식민화를 수행한 셈이다. 이를테면 이광수는 일본의 문명화를 '질서'에서 찾았고, 그 질서를 내면화해야만 조선이 구원받을 수 있다고 믿었다. 식민지 지식인에게 '서구 열강의 힘=문명화=근대화'는 세계를 인식하는 기준이었기 때문이다. 세종대 일문과 박유하 교수는 훗날 친일이나 일제 잔재로 불리는 모든 현상이 이러한 자의적 혹은 타의적인 모방에서 비롯되었다고 분석했다.

타자에 대한 일본의 가해성이 서양에 대한 식민주의적 모방에서 온 것이라면, 일본을 모방한 한국도 그 가해성에서 자유로울 수 없다. 박 교수는 밖으로 뻗지 못한 '우리 안의 식민주의'가 내부로 향해 우리 안에서 또다른 지배와 착취와 억압을 낳았다고 주장했다. 그러나 가해자와 피해자, 제국주의와 민족주의, 저항파와 친일파의 이분법은 '우리 안의' 식민주의를 은폐시킬 뿐이며, 이를 끄집어 논하려면 민족적 사건으로서 식민주의를 물을 때 성적·계급적·지역적 식민주의도 함께 물어야 된다고 제언했다.

/ 식민사관

일본의 조선 침략과 식민 지배의 정당성을 이론적으로 뒷받침하는 식민사관은 1887년 도쿄제국대학 사학과에서 한국사 연구를 진행하면서 시작되었다. 계보적으로는 『고서기』와 『일본서기』를 토대로 신공황후의 신라정복설과 임나일본부설, 조선 역사를 만주에 종속된 것으로 보는 만선사관滿鮮史觀 등을 주장한 일본 국학파를 이었다. 조선 침략이 본격화되면서부터는 본래 조선과 일본은 같은 민족이며 조선은 외세의 침략으로부터 일본의 보호와 도움을 받아야 한다는 '일선동조론', 조선의 경제 수준이 고대 일본의 촌락경제 수준에 머물렀다는 '정체성론', 예부터 조선은 독자적인 역사를 갖지 못했다는 '타율성론' 등으로 전개되는데, 오늘날 일본과 일부 한국 우파들이 주장하는 '식민지 근대화론', 한민족은 분열성이 강해 항상 내분으로 싸웠다는 '당파론', 반도라는 지리적 위치 때문에 늘 외세에 시달리고 의지했다는 '반도적 성격론'도 같은 뿌리에서 파생되었다.

1910년 국권피탈 이후 일제는 한국사 재구성 작업에 힘을 기울였다. 3대 총독이던 사이토 마코토는 "조선 사람들이 자신의 일, 역사, 전통을 알지 못하게 만들어 민족혼, 민족문화를 상실케 한다. 그들의 조상과 선인 들의 무위·무능과 악행 등을 들춰내고 확장해서 후손들에게 가르침으로써 조선 청소년들이 그들의 조상을 경시하고 멸시하는 감정을 일으키게 하며, 그것을 하나의 기풍으로 만든다. 그 결과 조선의 청소년들이 자국의 모든 인물과 사적에 관하여 부정적인 지식을 얻어 반드시 실망과 허무감에 빠지게 될 것이니, 그때 일본의 사적, 일본의 인물, 일본의 문화를 소개하면 동화 효과가 지대할 것"이라는 생각에 1925년 구로이타 가쓰미, 이나바 이와키치, 이마니시 류 등을 중심으로 조선사편수회를 꾸리고 『조선사』 37권(1938) 등 방대한 양의 역사서를 펴냈다.

민족주의 역사학자들은 조선으로부터 시작하는 한반도의 유구한 역사와, 문화의 독립성, 우수성을 강조하는 민족사학으로 이에 맞섰다. 단재 신채호는 민족의 자랑스런 고대사를 『조선상고사』에 기술하며 주체성을 회복하라고 일갈했다. 백암 박은식은 "역사를 잃으면 국혼國魂을 잃는 것"이라며 우리 민족의 수난사인 『한국통사』를 펴내는 한편, '대한민국노인동맹단'을 조직해 강우규를 국내로 밀파, 사이토 총독 폭탄거사를 지원하였다.

해방 이후 빠르게 극복되긴 했으나 식민사관의 잔향은 여전하다. 일례로 2014년 6월 박근혜 대통령이 지명한 문창극 국무총리 내정자는 "게으른 민족의 DNA 때문에 식민 지배를 받게 되었다"라는 과거 간증이 공개돼 '역사관' 논란에 휩싸였다(사실이 알려지면서 문창극 내정자는 자진 사퇴했다). 이덕일 등 재야 사학자들은 이러한 지배 엘리트들의 역사 인식에 대하여, 해방 이후 일제 식민사관을 잇는 자들이 한국 주류 사학계를 장악하여 식민사관에 입각한 역사서와 교과서를 편찬하기 때문이라고 설명한다. 실제로 학교에서는 고조선은 신화이고, 한나라가 설치한 한사군은 한반도에 있었으며, 신라는 4세기 내물왕 때 겨우 국가의 꼴을 갖추었다는 등 식민사관에 따른 교육이 계속되고 있다. 이덕일과 재야 사학자들은 이나바 이와키치의 직계 제자인 이병도가 한국 사학계의 '거두'로 추앙되는 현실, 그 이병도를 뿌리 삼아 뻗어나간 사학계 계보를 짚으면서 신석호, 서영수, 노태돈, 송호정, 김현구 등을 실명 비판했다.

한국현대사학회는 뉴라이트 산하 단체인 교과서포럼 인사들을 주축으로 2011년 5월 20일 설립된 역사연구 단체다. 설립과 함께 기존의 교과서들이 지나치게 좌편향돼 있다고 비판하고 새로운 역사교과서를 펴냈는데, 이것이 이른바 '교학사 역사교과서'다. 위안부, 일본의 식민전쟁 등 근현대사의 민감한 문제에서 일본 우익의 견해를 답습하고, 식민지 시절이 한국 근대화의 밑바탕이 되었다는 등 식민사관을 견지하고 있는 교학사 역사교과서는 빗발치는 반대여론에도 불구하고 2013년 교육부 검정을 통과했다.

  2013년 9월 정부는 한국현대사학회 상임고문 유영익 한동대 교수를 국사편찬위원회 위원장에 임명했다. 한국현대사학회의 '정신적 지주'로 평가받는 유 교수는 교학사 역사교과서에 대해 "대한민국의 국격에 걸맞고 글로벌 스탠더드에 준하는 역사서"라고 평가한 바 있다. 2012년에 취임한 김학준 동북아역사재단장도 한국현대사학회 창립준비위원장이자 고문을 역임했고, 2013년 보직을 맡은 이배용 한국학중앙연구원장은 교과서포럼의 고문직을 맡았다. 국사편찬위원회와 동북아역사재단, 한국학중앙연구원은 역사 관련 3대 국책기관이다.

5
MIN

SIDE A / TRACK 05

안녕하십니까?

동지 여러분!
박근혜 정부가 잘되어야
국민이 행복하고
대한민국의 미래가 있습니다

박근혜 대통령의 성공을 위해
다시 한번 힘을 모으고
함께 뜁시다

감사하고 고맙습니다

― 김무성 드림

고3 시험기간에
우연히 펼친 신문에서 한 기사를 봤습니다.
"한미 FTA 반대 외치며 노동자 분신자살"
한 생명의 소멸에 대해
너무나도 건조하게 박힌 신문 위의 글자들.
전 그때 생각했습니다.
'지금은 할 수 있는 게 없으니까
대학 가서…'
— 최아람

내가 입학하던 해 용산에서
여섯 명이 불에 타 죽었습니다.
교수님은
선배님은
그리고 친구들은
아무도 그 이야기를 하지 않았습니다.
다 이렇게 사는가보다 생각했습니다.
— 강훈구

삼성에서 서비스직으로 일하던 한 남자가
스스로 목숨을 끊었답니다.
그런데 나는 책상 앞에 앉아 시험공부를 합니다.
세상이 어수선하고 무언가
잘못되어 가고 있다는 것을 느끼고 있는데도
내가 할 수 있는 일이라고는 그 신호를 무시하는 것뿐입니다.

— 무지랭이 양

밀양에 송전탑이 들어선다 해도
전 안녕합니다.
제 고향이 아니니까요.
친일과 독재를 미화한 교과서가
최종 승인을 받아도 저는 안녕했습니다.
저의 교과서가 아니니까요.

— 솔잎

부끄럽지만 이제야 알게 됐습니다.
후에 나의 학생들에게
민주주의에 대해 떳떳하게 가르칠 자신이 없습니다.
국가의 주인은 국민이라 말할 자신이 없습니다.
내 자식에게 엄마는 안녕했다고
말하고 싶지 않습니다.

— 사범대학

안녕
: 아무 탈이나 걱정이 없이 편안함

2013년 12월 10일
한 젊은이가 손으로 쓴
두 장짜리 대자보

'안녕들 하십니까'에 대한
수많은 젊은이들의 대답

그리고
안녕하지 않음을 알게 된
한 젊은이의 '선택'

부끄러움을 무릅쓰고 말해봅니다.

부당함 앞에서 저항하는 사람들을
외면해왔고
그래서 안녕할 수 있었다고
그게 내 인생이 아니라서 안도하는
작고 작은 한 사람이었다고
그리고 용기를 내어 말해봅니다.

더이상 안녕하고 싶지 않다고요.

무지렁이양의 작은 소망

: 정치고 사회고 모르는 무지렁이 입니다. 여느 대
학생과 마찬가지로 안녕하려고 안간힘을 다해 살고
요. 모두들 그렇게 사니 나도 그렇게 사는 것이 당연하다고
한지 어느덧 3년이나 되었습니다
들이 본능적으로 자연재해가 닥쳐 올 것을 예감하듯이
세상이 이상하다는 것을 느낍니다. 세상 곳곳에서 이상한
이 벌어지고 있습니다. 나는 취물도 모르는 무지렁이 이지만,
의 나사들이 어딘가 어긋나고 비틀어져 불협화음을 내고
는 것만은 피부로 느낄 수 있습니다. 국정원이 121만건
위터 글을 쓰면서 대통령 선거에 개입했다고 합니다. 삼
서 서비스직 노동자로 일하던 한 남자는 스스로 목숨을
답니다. 고압 송전탑이 생기는 것에 반대하던 밀양
은 독극물을 마시고 세상을 떠났답니다. 민영화 추진에
하는 7000여명의 코레일 직원들은 모두 일자리를 잃었
데 나는 책상 앞에 앉아 시험공부를 합니다.

세상이 어수선하고 무엇인가 잘못되어 가고 있다
것을 느끼고 있는데도 귀를 막고 눈을 가리고 시험공부를
면서 독일어 형용사 어미 변화니 전치사들을 외우고
니다 내 동물적 감각은 위기가 닥쳐오고 있다고 수 천이
넘는 신호들을 보내오는데, 내가 할 수 있는 일이라고는 그
신호들을 무시하는 것 뿐입니다.
   나는 자꾸만 불편하고 불안하고 가슴이 두근거립니다.
상 곳곳에서 벌어지고 있는 일들이 비단 남의 일 같지 않습
니다 나는 지금도 안녕하지 못하고, 앞으로도 안녕하지
할 것이라는 예감에 휩싸여 자꾸만 두렵습니다.
   다들 안녕하십니까? 책상 앞은 따듯하고 아늑해서
신지요 가을을 보내고 겨울을 맞는 제 감수성이 지
치게 예민하여 우리나라의 노동자들이, 우리나라의
민주주의가, 우리나라의 미래가 걱정되는 것
지도 모르겠습니다.
  ★ 나는 올 겨울, 모두가 안녕했으면 좋겠습니다.
                    2013년 12월 13일 -무지렁이양-

/ 대자보

벽서壁書, 방榜, 괘서掛書 등 손으로 쓴 글을 벽에 붙여 대중에게 의견을 토로하는 행위는 과거에도 있었으나, 대자보라는 이름은 중국 문화대혁명에서 처음 사용되었다. 문화대혁명은 1966년 5월부터 1976년 10월까지 중국 전역에서 전개된 사상정화운동으로, 1950년대 중반 일선에서 물러난 마오쩌둥이 당내 후계자였던 실용주의 노선의 류사오치를 무너뜨리고 재집권하기 위한 정치적 싸움이 본질이다. 류사오치의 당권파가 당 기관지를 비롯해 신문과 방송 대부분을 장악한 상황에서, 마오쩌둥이 대안으로 찾은 언로는 대자보였다. 그는 자신의 정책과 뜻을 문화혁명의 제일선에 있는 홍위병들에게 전달했고, 홍위병들은 이를 대자보로 만들어 전국의 거리에 붙였다. 대중들이 정부에 반기를 들고 문화혁명에 참여하도록 독려하기 위함이었다. '대자보혁명'으로도 불리는 문화혁명으로 정권을 장악한 마오쩌둥과 중국 공산당은 1975년 의사 표현의 자유, 다양한 견해의 토론 등과 함께 대자보의 자유로운 이용을 보장하는 신헌법을 발표했다.

신문이나 방송과 달리 대중이 쉽게 접근할 수 있고, 정부나 권력의 검열이 미치지 못하는 대자보는 존재 자체로 저항적인 매체다. 시간과 장소 제약이 없고, 산문이나 운문, 고발장, 만화, 만평 등 다양한 형태가 가능하며, 저자와 독자의 경계를 허문다는 점에서 자유롭고 열린 매체이기도 하다. 더욱이 대중은 자기 생각을 대자보에 적는 과정, 그 생각이 다른 누군가에 의해 반박되거나 동의를 얻는 과정을 통해 사회 문제에 주체적으로 참여하게 된다. 1980년대, 사회 전체가 신군부의 강력한 감시 아래 있던 한국의 현실 안에서 대자보가 대학과 노동 현장의 주요한 반독재 투쟁 도구로 사용된 이유다.

1990년대 정치 민주화와 학생운동의 퇴조로 자취를 감추었던 대자보는 2000년대 대학가에 재등장했다. 2010년 고려대학교 김예슬이 학교를 자퇴하면서 '나는 대학을 그만둔다, 아니 거부한다'라는 대자보를 써서 국가와 대학이 자본과 대기업에 '인간 제품'을 조달하는 하청업체로 전락한 현실을 비판했고, 2013년에는 같은 학교 주현우가 '안녕들 하십니까'라는 제목의 대자보로 '88만원세대'의 정치의식을 전면화했다. 이후 대자보는 정부와 여당이 언론을 통제하고, 아고라 역할을 하던 인터넷조차 국정원의 관리·감독·통제의 대상이 되는 현실과 맞물리며 대학가를 중심으로 일종의 운동으로 전환되었다. 청년 실업, 세월호 참사, 공기업 민영화 등 한국 사회의 여러 문제가 대자보를 경유해 공론화되기 시작했다. 경기도 수원 동우여고에서는 교학사 역사교과서 채택에 반대하는 학생의 대자보를 학교 측이 철거하자 '소자보'를 게재해 항의하기도 했다. 독립잡지 『월간잉여』는 "대학생들이 대자보를 쓰는 것을 통해 자기 삶을 서사화하고 거기서 자신이 발 딛고 선 사회구조를 인식하게 된 것, 파편화됐던 이들이 공감과 연대를 할 수 있는 기반을 마련한 것"을 대자보운동의 긍정적인 면으로 평가했다.

2014년 12월 3일 연세대학과 고려대학 학생 아홉 명이 운영하는 20대 대안미디어 '미스핏츠'는 학교 게시판에 '최씨 아저씨께 보내는 협박편지'라는 대자보를 붙였다. 그날 오전 최경환 경제부총리는 기자들과 만난 자리에서 "정규직에 대한 과보호 때문에 기업들이 겁이 나서 인력을 뽑지 못하고 있는 만큼 노동시장 개혁이 반드시 필요하다"고 말하고 비정규직과 정규직의 중간 형태인 '중규직(기간제 정규직)' 도입을 언급한 바 있다. 최 부총리를 '최씨 아저씨'로 지칭하며 취업난과 국민연금 고갈, 비정규직 문제 등을 지적한 대자보는 "미래를 갉아먹고 지금 당장 얼마나 배부를 수 있습니까? 정규직 갉아먹고 '노동자 모두'는 얼마나 행복할 수 있습니까? 청년 세대에게 짐을 미뤄두고, 장년 세대는 얼마나 마음 편할 수 있습니까? 아저씨, 다 같이 망하자는 거 아니면, 우리 같이 좀 삽시다"라며 글을 맺었다.

/ 안녕들 하십니까

안녕들 하십니까.

1. 어제 불과 하루 만의 파업으로 수천 명의 노동자가 일자리를 잃었습니다. 다른 요구도 아닌 철도 민영화에 반대한 이유만으로 4213명이 직위해제된 것입니다. 박근혜 대통령 본인이 사회적 합의 없이는 추진하지 않겠다던 그 민영화에 반대했다는 구실로 징계라니 과거 전태일이란 청년이 스스로 몸에 불을 놓아 치켜들었던 '노동법'에도 '파업권'이 없어질지 모르겠습니다. 정부와 자본에 저항한 파업은 모두 불법이라 규정되니까요.

수차례 불거진 부정 선거 의혹, 국가기관의 선거 개입이라는 초유의 사태에도, 대통령의 탄핵소추권을 가진 국회의 국회의원이 '사퇴하라' 말 한마디 한 죄로 제명이 운운되는 지금이 과연 21세기가 맞는지 의문입니다.

시골마을에는 고압 송전탑이 들어서 주민이 음독자살을 하고, 자본과 경영진의 '먹튀'에 저항한 죄로 해고노동자에게 수십억 원의 벌금과 징역이 떨어지고, 안정된 일자리를 달라 하니 불확실하기 짝이 없는 비정규직을 내놓은 하수상한 시절에 어찌 모두들 안녕하신지 모르겠습니다.

2. 88만원세대라 일컬어지는 우리들을 두고 세상은 가난도 모르고 자란 풍족한 세대, 정치도, 경제도, 세상물정도 모르는 세대라고들 합

니다. 하지만 1997~1998년 IMF 이후 영문도 모른 채 맞벌이로 빈집을 지키고, 매 수능을 전후하여 자살하는 적잖은 학생들에 대해 침묵하길, 무관심하길 강요받은 것이 우리 세대 아니었나요?

우리는 정치와 경제에 무관심한 것도, 모르는 것도 아닙니다. 단지 단 한 번이라도 그것들에 대해 스스로 고민하고 목소리 내길 종용받지도, 허락받지도 않았기에 그렇게 살아도 별 탈 없으리라 믿어온 것뿐입니다.

그런데 이제는 그럴 수조차 없게 됐습니다. 앞서 말한 그 세상이 내가 사는 곳이기 때문입니다. 저는 다만 묻고 싶습니다. 안녕하시냐고

© 미스핏츠

요. 별 탈 없이 살고 계시냐고. 남의 일이라 외면해도 문제없으신가, 혹 정치적 무관심이라는 자기 합리화 뒤로 물러나 계신 건 아닌지 여쭐 뿐입니다.

만일 안녕하지 못하다면 소리쳐 외치지 않을 수 없을 겁니다. 그것이 무슨 내용이든지 말입니다. 그래서 마지막으로 묻고 싶습니다. 모두 안녕들 하십니까.

* 2013년 12월 10일 고려대학 경영학과 주현우는 학교 정문에 '안녕들 하십니까'라는 제목의 대자보를 붙였다. 철도 민영화와 밀양 송전탑 사태 등을 비판한 두 장짜리 대자보는 사진으로 찍혀 SNS를 통해 빠르게 번졌다. "나는 ~해서 안녕하지 못하다"라는 글이 타임라인을 '도배'했고, 서울대, 성균관대, 한양대, 부산대, 명지대 등 전국 대학에서 응답 대자보가 연이었다. 12월 14일 오후 주현우는 고대 정경대 후문에서 현 정권에 대한 성토대회를 열고, 대학생 300여 명과 함께 철도 노조가 민영화 반대시위를 하는 서울역으로 향했다.

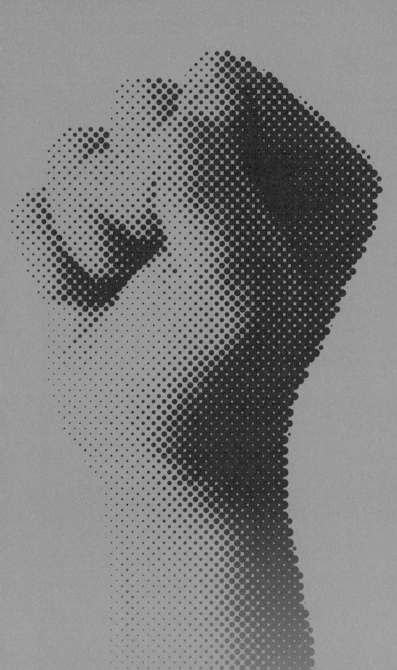

근로자는 근로조건의 향상을 위하여
자주적인 단결권, 단체교섭권 및
단체행동권을 가진다

— 대한민국 헌법 제33조 제1항

헌법이 보장하는
노동3권

그중 하나인
파업

하지만 동시에

"위력으로서 사람의 업무를 방해한 자는
5년 이하의 징역 또는 1500만원 이하의 벌금에 처한다."

헌법을 제한하는 하위법
형법 제314조 '업무방해죄'

하지만

파업의 본질은 업무방해

업무방해죄를 피해 업무방해인 파업을 하는 방법

1. 근로조건의 개선을 목적으로 한다.
2. 노조 찬반 투표를 거치는 등 절차가 정당해야 한다.
3. 사용자의 재산권과 조화를 이루어야 한다.

하지만

1. 근로조건의 개선을 목적으로 한다

임금, 근로시간, 근로복지 관련
파업만 합법

근로조건과 직결되었음에도
'정리해고'
'구조조정'
'민영화'
'FTA 반대 파업' 등은
모두 다
불법

3. 사용자의 재산권과 조화를 이루어야 한다

파업의 의미대로
생산시설을 멈추고
직장을 점거하면
역시 불법

결국
대한민국에서 발생하는 파업은
'거의 다' 불법

불법이 된 파업을 기다리는 것

공권력 투입
업무방해죄 처벌
그리고

영업 손실에 대한
손해배상청구

발레오만도 파업 참가자 32명에게
'26억 4800만원' 청구

홍익대 청소노동자들에게
'2억 6821만 1152원' 청구

KEC 노조간부 및 조합원 88명에게
'301억원' 청구
(파업일수 14일)

철도 노조에게 민영화 반대 파업 관련
'162억원' 청구

한진중공업 노조에게
'158억원' 청구

평범한 노동자들에게는
천문학적인 돈

결국

임금 퇴직금 상여금
집 자동차
통장 등

가진 재산 전부가
가압류로 묶이게 되는 노동자들

가압류당하지 않은 건
단지 '목숨'

두산중공업 배달호
분신자살

'이틀 후 급여 받는 날이지만
나에겐 들어오는 돈이 없을 것'
— 유서 중
(숨진 다음날 2만 5000원 입금)

최강서 한진중공업 노조원
목매 자살

'태어나 듣지도 보지도 못한 돈 158억'
— 유서 중

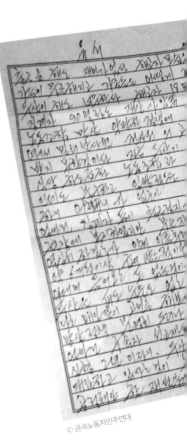
© 금속노동자민주연대

한진중공업 김주익 노조위원장
한진중공업 곽재규 조합원
세원테크 이해남 노조위원장
쌍용자동차 노동자와 그 가족 24명의

사라진 목숨들

하지만 2013년
법원이 쌍용자동차 손배소에 내린 판결

'쌍용자동차 복직자 26명
희망퇴직자 15명을 포함한 140명은
쌍용자동차와 경찰에
'47억원'을 배상하라.'

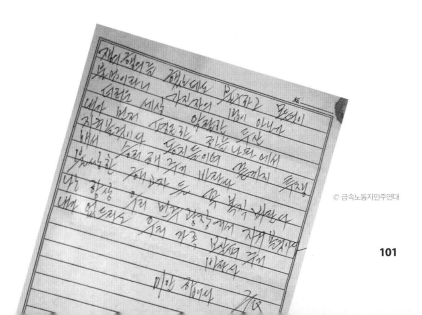

47억원
4,700,000,000

계산기를 가져다놓고 쳐본
끝없는 0의 행진

두 아이의 엄마인
서른아홉 배춘환 씨는
계산기를 내려놓고

첫째 예찬이의 태권도장 비
4만 7000원을
편지와 함께 봉투에 담는다

"해고 노동자에게 47억원을
손해배상 하라는 이 나라에서
셋째를 낳을 생각을 하니 갑갑해서
작지만 제가 할 수 있는 일을
시작하고 싶어서 보냅니다."

'할 수 있는 일'을 시작한
한 사람으로부터 비롯된
'노란 봉투 프로젝트'

그러자

'할 수 있는 일'에 동참하는
1만 502명의 사람들

"한 아이 엄마의 편지가
저를 부끄럽게 만들었습니다.
그 편지는
'너무나 큰 액수다' 또는
'내 일이 아니니까'
'어떻게든 되겠지'
모른 척 등돌리던 제 어깨를
톡톡 두드리는 것 같았습니다.
돈 때문에
모두가 모른 척하는 외로움에
삶을 포기하는 분들이 더이상 없길 바랍니다."
— 2014년 2월 14일 이효리

노란 봉투 프로젝트는
1차 모금을 15일 만에 완료하고
2차 모금을 2014년 4월 30일까지
진행했다

/ 노동3권

노동3권은 단결권, 단체교섭권, 단체행동권 등 노동자가 헌법상 기본권으로 갖는 세 가지 권리로, 근로3권이라고도 한다. 단결권은 노동조합을 만들거나 가입할 권리, 단체교섭권은 노동조건을 개선하려고 사용자와 집단적으로 협상하고 단체협약을 체결할 수 있는 권리를 말한다. 단체행동권은 주장을 관철하기 위해 파업할 수 있는 권리다. 노동3권은 상호 보완적 관계를 맺고 있어서 셋 중 하나라도 없으면 나머지 권리가 유명무실해진다. 즉 단결권이 없으면 단체교섭과 단체행동을 할 수 없고, 단체교섭권이 없으면 노동조건을 향상시킬 수 없다. 단체행동권 없는 단체교섭은 실질적인 힘이 없어 실효성이 떨어진다.

노동3권은 높아진 시민의식을 반영해 1919년 바이마르공화국이 세계 최초로 헌법상 기본권으로 공표했고, 1929년 대공황을 거치면서 보편화되었다. 노동자를 무차별적으로 착취하는 야만적 자본주의가 집단 공멸로 이어지자 이에 대한 사회적 반성과 교훈이 노동3권의 형태로 새겨진 것이다. 법이론적으로 노동법을 "근로자가 자신의 노동에 의해 생존을 확보할 수 있도록 하는 법 전체"라고 정의한다면,

노동3권은 그 핵심이라고 할 수 있다. 이에 영국, 독일, 프랑스 등 서구 선진국은 노동 교육을 학교 정규 교과과정으로 편성하여, 어린이들이 일찍부터 노동자로서의 정체성과 권리를 체험하도록 하고 있다. 교육 내용은 자유, 평등 같은 추상적인 개념부터 노동조합 만들기, 근로계약서 쓰기, 노사 합의 같은 실질적인 부분까지 모두 포함한다.

대한민국도 헌법 제33조 제1항에 "근로자는 근로조건의 향상을 위하여 자주적인 단결권, 단체교섭권 및 단체행동권을 가진다"라고 명시함으로써 노동자의 권리에 대한 세계적인 합의를 받아들였다. 다만 단체행동권을 행사할 수 있는 경우를 법률로 제한하여, 공무원은 단순노무 종사자 등 법률로 인정된 사람을 제외하고는 노동3권이 인정되지 않는다. 국가와 지방자치단체, 국공영기업체, 방위산업체, 공익사업체 및 국민 경제에 중대한 영향을 미치는 사업체에 종사하는 근로자의 단체행동권도 법률이 정하는 바에 따라 제한되거나 인정되지 않고 있다.

/ 손해배상·가압류소송

2000년대 한국의 노동3권이 크게 위축된 데에는 법적인 문제가 크다. 필요한 법을 만들지 않거나(학습지 교사, 화물택배 기사, 골프장 캐디 등 특수고용직 노동자의 노동기본권에 대한 입법 10년 이상 연기), 노동기본권을 침해하는 법을 시행하거나(2007년 복수노조 중 사용자와 교섭할 수 있는 대표노동조합을 정하도록 한 '교섭창구단일화제도'), 노동자에게 불리하게 법을 해석하고 집행하는 탓이다. 손해배상·가압류법이 대표적인 예인데, 헌법에서 근로자의 단체행동권을 보장하고 있음에도 일반적으로 법원은 노동자가 단체로 노무를 제공하지 않거나 작업장을 벗어날 경우 형법상 '업무방해죄'를 적용한다. 노동자들이 작업장에 나와 '이런 조건에서 일 못하겠다'고 버텨도 같은 죄목이 적용된다. 형법이 상위법인 헌법에 우선하는 것이다. 국제노동기구ILO에 따르면, 노동자 파업을 형법상 업무방해죄로 처벌하는 국가는 한국이 거의 유일하다.

업무방해죄의 성립 여부를 판단하는 주요 근거는 쟁의행위의 정당성 여부다. 다시 말해 파업은 기본적으로 범죄행위이고, 정당성이 인정될 때만 위법행위가 아니다. 대법원 판례는 '쟁의행위가 정당하려면 주체, 목적, 절차, 수단, 방법이 모두 정당해야 한다'라고 명시돼 있는데, 법원이 판단하는 정당한 '목적'은 임금과 노동조건 개선에 관한 것이다. 만일 노조가 '민영화 반대'나 '경영권 불법승계 반대'를 주장하면 정당성이 없는 행위, 즉 불법이 된다. 노동자들의 파업이 절차상 또는 목적상의 정당성 요건을 구비하지 못해 불법으로 판명되면 기업은 "위법행위로 타인에게 손해를 가한 자는 그 손해를 배상할 책임이 있다"는 민법 제750조에 따라 노조에 민사상의 손해배상을 청구할 수 있다. 쌍용자동차가 2014년 2월 '해고 무효' 판결을 받은 정리해고자들에게 손해배상액으로 47억원을 청구한 근거다.

손해배상·가압류(이하 손배·가압류)소송은 1980년대 정치민주화 이후 각 사업장의 노조 결성과 단체행동이 빠른 속도로 확산되자, 이를 위협으로 느낀 정부가 기업을 통해 노동을 탄압하는 '신종 무기'로서 등장했다. 1990년대 문민정부는 노조를 상대로 한 사용자의 손배 청구를 적극 독려했고, 1994년 대법원은 노조 파업에 대해 손배를 인정함으로써 손배·가압류 청구가 노조의 분규행위를 억제하는 유력한 수단이 되는 판례를 마련했다.

손배·가압류 활용법은 1998년 외환위기를 전후로 인력 감축이나 구조조정을 반대하는 노조 파업이 크게 늘면서 대대적으로 바뀌었다. 이전까지 기업과 정부는 파업이 시작되면 노조를 상대로 손배·가압류소송을 냈다가 파업이 끝나면 으레 취하하곤 했다. 소송의 목적이 파업을 조기 종결하는 데 있었기 때문이다. 하지만 1998년부터는 분규가 끝난 후에도 소를 취하하지 않고, 노조 재정을 옥죄거나 조합 간부와 파업 참가 조합원 들의 생계를 핍박하는 노조 탄압용 '폭탄'으로 이용했다.

노동3권과 노동자 인권을 심각하게 위협하는 '손배 폭탄'은 2003년 두산중공업 노조원 배달호가 사측의 손배·가압류에 분신자살로 항거하며 사회적 의제로 떠올랐다. 노동계가 들고 일어나고 관련 단체가 잇달아 개정안을 내놓았으며, 정부도 손배·가압류의 남용을 방지하기 위한 노사정협약을 체결하는 등 개선을 추진했다. 그러나 결과적으로 민사집행법에 '급여를 가압류할 때 최저생계비는 제한다'는 규정 한 줄을 추가하는 데 그쳤을 뿐 근본적인 해결책을 제시하지는 못했다.

2014년 2월 기준으로 노조 측에 청구된 손해배상청구 총액은 1691억 6000만원, 가압류 총합계는 182억 8000만원이다. 쌍용차 노조 총 302억원, 한진중공업 노조 총 158억 1000만원, 현대차 울산비정규직회 총 225억 6000만원 등 사측으로부터 수백억원대 손배청구를 당한 노조도 적지 않다.

/ 노란 봉투 프로젝트

지지부진하던 손배·가압류 관련법 개정은 2014년 '노란 봉투 캠페인'으로 전기를 맞았다. 쌍용차 손배 폭탄 47억원을 십시일반 마련해보자는 한 시민의 제안으로 시작된 캠페인은, 광범위한 사회적 공감과 지지를 얻으면서 단순한 모금을 넘어 '손배 판결로 경제적 위기에 놓인 노동자와 그 가족들을 위한 모금과 법 개정 요구'로 확대되었다. 이효리, 노암 촘스키, 슬라보예 지젝 등 국내외 저명인사들이 참여하면서 모금은 시작 보름 만에 1단계 목표액인 4억 7000만원을 초과했다.

2015년 3월 새정치민주연합 은수미 의원은 '민주 사회를 위한 변호사모임', 시민단체 '손잡고(손배·가압류를 잡자, 손에 손잡고)' 등과 협의해 '노동조합 및 노동관계조정법' 개정안인 일명 '노란봉투법'을 대표발의했다. '합법적' 노동조합활동의 범위를 확대함으로써 근로조건과 직결되는 정리해고 관련 파업을 합법적인 노조활동으로 해석할 근거를 마련하고, 개별 근로자와 가족, 신원보증인에 대한 손해배상청구를 금지하는 내용이 핵심이다. 구체적으로는 조합 규모에 따라 손배청구액의 상한을 정해 과도한 수준의 손배청구는 하지 못하도록 막았다. 조합원이 300명 이하인 노조엔 2000만원 이하, 300명~1000명 미만엔 1억원 이하, 1000명~1만 명 미만엔 2억 5000만원 이하, 1만 명이 넘는 노조엔 5억원 이하로만 손해배상을 청구할 수 있도록 제한했다. 은 의원은 "손해배상과 가압류는 노조원은 물론 비노조원과 그 가족, 신원보증인에게까지 집행돼 수백 가정의 삶이 파탄났고 손해배상의 압박에 못이긴 26명의 국민은 생을 달리하기도 했다"며 손해배상청구액 상한제 필요성을 거듭 강조했다.

정부의 입장은 물론 다르다. 2014년 3월 정현옥 고용노동부 차관은 "정당한 쟁의행위는 지금도 완전히 면책되고, 불법행위에 대해서도 생계를 보호하기 위한 범위 내에서 특별보호 규정이 있다. 추가적으로 민사상 특별보호를 주장하는 것은 타당하지 않다"고 향후 방침을 밝혔다.

/ 창조컨설팅

창조컨설팅(대표 심종두)은 2003년 1월 1일 개업한 노무법인으로, 유성기업 등 주로 금속 노조 산하 사업장의 노조를 파괴할 목적으로 설립되었다. 창조컨설팅의 호객문구는 다음과 같다.

"사용자 여러분! 민주노총 금속 노조, 보건의료 노조로 인해 얼마나 노고가 많으십니까? 기업 경영에 방해가 되는 노동조합을 깨드립니다. 저희와 함께 손발 맞춰 노조를 깬 경주의 발레오전장은 2009년 매출액 3067억, 35억 적자였으나 금속 노조를 깨고 2010년 매출액 4160억, 당기순이익 384억의 흑자전환을 이뤄냈습니다. 자! 사용자 여러분! 우리도 한번 노조 없는 세상에서 살아봅시다."

사업주로부터 의뢰가 들어오면 이들은 가장 먼저 친親 기업 노조를 설립한다. 친 기업 노조가 다수를 장악하면 창구단일화 절차를 밟아 교섭권, 쟁의권을 독점할 수 있기 때문이다. 이들이 수단과 방법을 가리지 않고 민주 노조 소속 조합원들을 압박해 기존의 노조를 탈퇴시키거나 친 기업 노조에 가입시키면, 기존의 노조가 할 수 있는 일은 교섭 대표 노조에게 공정의 의무를 다하라고 따지는 것 정도다. 이 과정에서 노동자들은 극심한 갈등과 분열을 겪는데, 몇몇은 그 무게와 상처를 이기지 못하고 스스로 목숨을 끊기도 한다. 강성 노조 설립을 막고 회유하다 친 기업 노조가 결성되면 최대한 교섭을 지연하고, 노동자들이 파업에 돌입하면 직장 폐쇄와 대체 근로자 투입으로 맞선 다음 직원들을 선별 복직시키는 창조컨설팅의 전략문건은, 현재 전국의 사업장에서 매뉴얼처럼 사용되고 있다.

2012년 9월 국회 환경노동위원회의 '산업현장 폭력용역 관련' 청문회와 국정감사에서 은수미 의원은 청와대와 정부, 경찰이 공조한 '노동조합 파괴 세일즈'를 폭로했다. 이에 따르면 2011년 현대자동차 하청업체 유성기업 노조가 합법 파업에 돌입하자 경총은 즉각 '현대차라인 중단 위기, 불법 파업 중단'을 주장했다. 이명박 대통령은 '고액 연봉자의 집단이기주의'로 이를 매도했다. 노동부는 '파업은 불법이 아니지만 점거는 불법성이 있다'라는 모호한 태도를 취했고, 경찰은 내부문건을 통해 '유성기업의 파업은 적법'이라면서도 '상황이 악화되면 여론 지지를 확보한 뒤 경찰력 투입을 검토'하고 '체포영장 발부 등을 통해 노조를 압박'해야 한다고 상부에 보고했다. 이 과정에서 창조컨설팅은 복수노조 설립을 진두지휘하며 '부당 노동행위'를 자행했으나 아무런 법적 제재도 받지 않았다.

부당 노동행위란 헌법으로 보장된 노동3권을 침해 또는 방해하는 행위로, 부당 노동행위 인정률은 노동에 대한 정부와 사법부의 태도를 보여준다. 부당 노동행위 인정률은 2009년까지 10퍼센트를 상회했지만 이명박 정권 이후 낮아져 2011년에는 2.6퍼센트까지 급락했으며, '경제민주화'를 공약으로 내건 박근혜 대통령 취임 첫해 11.3퍼센트로 상승했다가 이듬해 7퍼센트대로 추락했다.

청문회 이후 고용노동부는 창조컨설팅의 노무사 자격을 취소하는 등 사태 진화에 나섰다. 그러나 2014년 7월 21일 서울고법 행정1부(곽종훈 부장판사)는 대표이사 심종두 등이 "노무사 등록 취소 처분을 취소하라"며 고용노동부 장관을 상대로 낸 소송에서 1심을 깨고 원고 승소를 판결했다. 2014년 현재 창조컨설팅은 충북 오창 지역을 중심으로 활동하고 있다.

"정치인 등 국가지도자들이
탁상공론으로 실시하는 경제정책이
가난한 서민들의 목을 더이상 조르지 않도록
그들에게 능력과 지혜를 베풀어주셔서
없는 자들의 절망과 좌절이
더는 계속되지 않도록 지켜주시옵소서."

— 1990년 4월 10일

단칸방에서 자살을 선택한
가장의 마지막 기도

그로부터 24년이 지난
2013년

주택보급률 102.9퍼센트

전체 가구 수보다
2.9퍼센트 포인트 더 많은 집

하지만
전체 가구 중 46퍼센트는
남의 집에 사는 사람들

이중 3분의 1은 보증금 500만원 이하
또는 보증금 없는 월세

이들의 월 소득 대비
임대료 부담률 26.4퍼센트
(전국 평균)

"한 달 급여가 60만원 정도인데
월세로 30만원이 나가고
전기세 인터넷비 등을 포함해서
관리비로 15만원 정도 나가고,
나머지 돈으로 겨우겨우 한 달을 살아요."

결국
더 싼 집을 찾아
이삿짐을 싸야 하는 사람들

언젠가
54퍼센트 집주인의 대열에
합류하기를 꿈꾸는 사람들

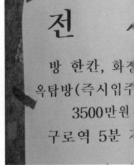

그러나

2년 전보다 12.6퍼센트 포인트나 오른
아파트 전세 가격

갖기는커녕
지킬 수도 없는 집

한편

집을 소유하고 있음에도
자주 이사를 하는 약 870만 명의 사람들

'집만큼 좋은 투자 대상이 없다!'

그리고 2014년

세금을 깎아줄 테니
집을 사라

낮은 금리로 돈을 빌려줄 테니
집을 사라

그래서

집이 없으면
집을 사라

"천국에 사는 사람은
지옥을 생각할 필요가 없다.
그러나 우리 다섯 식구는
지옥에 살면서 천국을 생각했다.
단 하루도 천국을 생각해보지 않은 날이 없다.
우리의 생활은 전쟁과 같았다.
우리는 그 전쟁에서 날마다 지기만 했다."
— 조세희, 『난장이가 쏘아올린 작은 공』(1978)

/ 주거권

주거권은 모든 사람이 적절한 주거를 공급받고 이를 안정적으로 점유할 권리다. 이는 세계인권선언, 경제적, 사회적, 문화적 권리에 관한 국제규약ICESCR, 세계주거회의HABITAT의 '밴쿠버 선언'과 '하비타트 의제' 등에서 도출된 인간의 기본권이다. 여기서 기본권으로서 주거는 물리적 거처로서 '주택住宅'과 사회적 의미로서 '주거住居' 개념을 모두 포함한다. 물리적 거처로서 주택은 그저 지붕 달린 곳이 아니라 자연재해로부터 안전하게 생활하는 것은 물론 쾌적한 공간과 상하수도와 전기시설 등 각종 편의시설을 기본적으로 갖춘 곳을 뜻한다. 사회적 의미로서 주거는 부당한 사생활 침해나 강제퇴거 같은 위협으로부터 보호받을 뿐만 아니라 직장과 이웃관계, 문화 인프라 등 사회관계망에서 소외되거나 배척당하지 않는 것을 말한다. 1991년 유엔 사회권규약위원회가 발표한 '적절한 주거의 구성요소'는 다음과 같다.

1. 점유의 법적 보장 Legal security of tenure: 임차인은 임차 형태와 상관없이 강제퇴거 위협에서 임차 기간을 보호받을 수 있어야 한다.

2. 서비스, 물자, 시설, 인프라 가용성 Availability of services, materials, facilities and infrastructure: 깨끗한 물과 전기, 채광, 상하수도, 도로, 요리할 수 있는 에너지원, 세면시설, 음식물 저장 등에 필요한 시설과 설비가 갖춰져야 한다.

3. 비용의 적절성 Affordability: 모든 사람은 자신의 경제적 처지에서 적절한 주거를 구할 수 있어야 한다.

4. 거주 가능성 Habitability: 주거공간이 너무 좁아서는 안 되며 추위와 습기, 더위, 비바람을 막을 수 있어야 한다.

5. 접근성 Accessibility: 노인, 장애인, 어린이, 환자 등 조건에 관계없이 접근하기 쉬워야 한다.

6. 위치 Location: 직장과 멀지 않아야 하며 보건소와 학교, 탁아소 등 사회시설과 가까워야 한다.

7. 문화적 적절성 Cultural adequacy: 주택의 건설방식에 있어 재료나 형태 등의 문화적 다양성을 인정해야 한다.

재산권과 달리 주거권은 한국의 헌법이나 법률에 구체적으로 명시되어 있지 않다. 그러나 '모든 국민이 쾌적한 주거생활을 할 권리'(헌법 제35조 제3항), '행복을 추구할 권리'(헌법 제10조), '인간다운 생활을 할 권리'(제34조 제1항) 등에 주거권도 포함돼 있다는 게 다수 전문가의 의견이다. 또한 유엔가입국으로서 상기 조약을 따를 의무도 있다. 이미 유엔은 한국 정부에 권고안을 이행할 것을 여러 차례 요구한 바 있지만, 재개발로 인한 강제철거, 임대주택 임대료나 관리비를 내지 못해 쫓겨나거나 집주인이 요구하는 임대료를 마련하지 못해 이사 가는 강제퇴거가 여전히 비일비재한 현실이다.

치솟는 주택 가격과 전월세 비용 때문에 주거에 쓰는 돈이 전체 수입의 30퍼센트를 초과하는 '주거 빈곤 가구'도 해마다 늘고 있다. 그러나 이들을 지원하던 영구임대주택 사업은 1993년 이후 중단되었고, 공공임대주택도 이명박 정부 이후 공급량을 줄였다. 경제력이 없어 쪽방, 고시원, 옥탑방, 반/지하방, 비닐집 등 비非주거공간으로 밀려난 빈곤층, 장애인, 노인, 학생 들은 고립감과 박탈감 속에서 각종 질병과 사고 위험에 노출돼 있다(2011년 현재 서울 YMCA가 고시원, 전·월세, 하숙 등에서 거주하는 대학생 706명을 대상으로 실태조사를 한 결과, 자취 대학생 40퍼센트가 3평 미만에 살고 있다).

젊은이들이 적절한 시기에 적당한 일자리를 얻는 것이 문제가 되지 않았던 고도성장기에 집은 당연히 가져야 하거나 가질 수 있는 재화이자 재테크 수단이었다. 그러나 안정적인 일자리가 줄고 실업 문제가 나날이 심화되는 저성장기에 접어들면서 집은 소유의 개념이 아닌 '사는 곳'으로 의미를 바꾸었다. 철거민, 노숙자, 도시 빈민의 일로만 치부되던 주거권 보장 또한 누구나 맞닥뜨리는 보편적인 문제가 되었다. 2013년 12월 2일자 『한겨레21』 기사 "살買 것인가, 살住 것인가"를 보면, '현대 사회에서 적절한 주거를 마련할 책임은 누구에게

있을까'라는 설문조사에 8.4퍼센트(368명)만이 '오로지 개인 책임'이
라고 답했다. 53.4퍼센트(2351명)는 '일차적으로는 개인 책임이지만
취약계층의 주거 마련은 정부가 책임져야 한다'고 했고, 27.2퍼센트
(1197명)는 '정부가 모든 구성원의 주거 마련을 책임져야 한다'는 견해
를 냈다. 도시사회연구소 홍인옥 소장은 "예전엔 판자촌 같은 데 사
는 이들을 주거빈곤층이라고 했다면 지금은 청년층을 비롯한 다수
가 신주거빈곤층이다"라면서, 감당할 수 없는 개인의 주거 불안이 안
정적 주거에 대한 사회적 요구로 표출되고 있다고 설명했다.

2015년 국토교통부가 발표한 '2014년 주거실태조사'에 따르면 주
거 안정성을 평가할 수 있는 자가점유율은 2012년 53.8퍼센트에서
53.6퍼센트로 낮아졌다. 전월세가구 중 월세 비중은 55퍼센트로 조
사를 시작한 이래 가장 높았으며, 월소득 대비 임대료 비율은 20.3퍼
센트로 2년 전보다 0.5퍼센트 포인트 올랐다. 이에 따라 주택법이 명
시한 '최저 주거 기준' 미달 가구는 100만 가구에 달했다.

/ 한국의 주거정책

2008년 이후 한국의 주택시장은 임대 거래가 매매 거래를 압도하
는 방향으로 구조조정되었다. 그러나 정부는 주거정책을 '주택 매매
활성화'로 일관하고 거래세와 보유세 등 세제 완화, 다주택자 규제 완
화, 임대업 지원, 미분양 지원, 재건축 규제 완화, 업계 유동성 지원 등
공급자와 집 있는 사람들에게 혜택을 주는 정책을 폈다. 생애 최초로
집을 사는 사람에게 취득세를 면제해주고, 전세대출금 규제를 완화

하는 정책도 연장선상에서 추진했다. 반면 매매에 참여할 수 없는 저소득층을 위한 정책은 부차적인 것으로 간주되거나 반시장적이라는 이유로 배제되었다. 공공임대주택 공급량 또한 건설업계의 반대로 축소되었다(2015년 현재 한국의 공공임대주택 비중은 OECD 평균의 절반인 5퍼센트다). 임대 과세는 철회되었고, 집을 세 채 이상 가진 사람이 한 채 이상 임대하면 임대사업자로 의무등록하고, 집세와 계약 기간 등 구체적인 조건을 공시하게 하는 임대차의무등록제는 '지나친 규제'라며 받아들여지지 않았다. 그러는 동안 가격 변동이 없는 집값과 저금리의 반대급부로 전월세비가 폭등했고(주택의 전세가율은 2014년 집값의 70퍼센트를 넘었다), 재개발, 재건축으로 싼 전세 물량이 줄면서 서민들의 주거 안정성은 크게 위협받았다.

정부가 부랴부랴 세입자와 하우스푸어 지원책을 내놓았지만 실효를 거두지 못했다. 이를테면 '목돈 안 드는 전세제도'는 전세 계약을 갱신하면서 전세금이 오를 경우 집주인이 보증금 상승분을 전셋집을 담보로 대출을 받아 충당하고, 세입자는 대출금 이자만 내도록 하는 내용이다. 그러나 전셋집을 구하려는 사람이 넘치는 마당에 세입자 대신 빚을 질 집주인이 있을 리 없다. 2013년 8월 출시된 '목돈 안 드는 전세제도'는 11월까지 이용실적이 두 건에 그쳤다. 월세로 100만원 넘게 내야 하는 기업형 임대주택은 애초에 중산층 이상을 겨냥한 것이었다.

전문가들은 주거문화 패러다임이 매매에서 임대로 바뀐 만큼, 주거정책도 주택시장 안정이 아닌 국민의 주거 안정을 최우선 과제로 삼아야 한다고 말한다. 경제정책·도시정책·부동산 개발정책으로만 여겨졌던 주택정책을 인권과 복지정책으로 바꿔야 하는 시점에, 과거의 기조를 버리지 않고 땜질식 처방만 계속하는 일은 무의미하다는 것이다. 이를 위해서 임대료가 싼 공공임대주택과 사회주택 보급을 늘리고, 선진국처럼 재산권보다는 주거권을 강화하는 방향으로 주택임대차보호법을 손질해야 한다는 게 전문가들의 중론이다. 예컨대 독일은 임대차계약 기간에 대한 제한이 아예 없고, 영국은 주인이 정당한 이유로 임대차계약을 해지한 경우라도 세입자의 주거권을 인정하고 있다.

2014년 12월 29일, 국회 본회의에서 '부동산 3법'이 통과되었다. 집값을 띄우고 매매를 활성화하기 위한 민간 택지 분양가상한제 폐지, 재개발로 인한 이득(재개발조합원 1인당 3000만원 초과시 최대 50퍼센트)을 개발부담금으로 환수하는 재건축초과이익환수제 3년 유예, 재건축조합원이 기존 1인 1주택에서 3주택까지 분양받을 수 있는 복수 주택 분양 실시 등이 그것이다. 서민 주거 안정 대책으로 불려온 '주택 임대차분쟁 조정위원회' 구성과 주거복지기본법, 세입자에게 계약을 갱신할 수 있는 권리를 한 차례 더 줘 임대차계약 기간을 최대 4년까지 보장하는 계약갱신청구권제는 통과되지 않았다.

꿈의 공장 속 '노동자'들

단축된 노동시간과
무급 휴가
비로소 여가시간을 갖게 된
20세기 초 미국의 노동계급

그들이 즐길 수 있었던
오락거리

1905년
5센트만 있으면 영화를 즐길 수 있었던
영화 극장 '니켈로디언Nickelodeon'

1914년
1만 4000개로 증가

영화는 하층계급이 사랑하는 오락거리에서
미국에서 가장 영향력 있는
대중매체로 성장한다

제1차세계대전으로
유럽 영화산업이 위기에 처했을 때
전 세계 영화산업을 장악한 미국은
1930~1940년대 연간 400편가량의 영화를 제작하며
일주일에 9000만 명을 영화관으로 불러들인다

하지만
급속도로 성장한
'꿈의 공장' 속 현실

열악한 근무환경과
긴 작업시간
불명확한 이유로
정직되거나 급료 없이 해고당하는
배우들

1933년
이들은 부당한 현실에 대항해
미국연기자조합 SAG(Screen Actors Guild) 을
설립한다

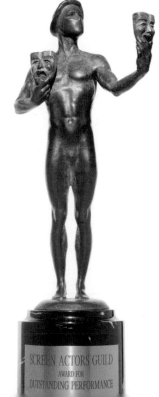

1935년
스타급 배우들이 중심이 되어
노조와 같은 성격으로 발전한 SAG

1937년
메이저 스튜디오와 협상하여
초과근무수당, 최저임금,
안전한 노동환경 등을 보장받게 된다

뒤이어 설립된
감독조합DGA(Directors guild of America)
작가조합WGA(Writers guild of America)

스크립트 슈퍼바이저
검수원
소품 담당
음향 기술자
그래픽 아티스트
편집자
잡역부
세트 미술가
전기공
의상 담당 미술감독
카메라 기사
전기공
응급처치원…

제작에 관여하는
거의 모든 기능 인력을 포괄한

스태프연합 IATSE(International Alliance of Theatrical Stage Employees)

제작사, 기업 들에 맞서
최저임금, 근무여건,
이익 재분배, 각종 혜택 등
최소한의 노동조건을 쟁취하여

'꿈의 공장'이
'착취의 공장'이 되지 않도록 한다

© IATSE

그리고
2007년 11월

"인터넷 등 뉴미디어에서 방송되는
프로그램의 원고료를
작가들에게도 배분할 것을 요구한다."

전면 파업에 돌입한
미국작가조합

그러자
"파업 문제는 하루빨리 해결돼야 합니다.
파업을 하면 작가도 힘들지만
제작사 경영자도 힘듭니다. (…)
파업은 캘리포니아 주의 경제에
막대한 손해를 가져옵니다."
─ 아널드 슈워제네거, 전 캘리포니아 주지사

파업이 미칠 경제적 손실에 대한
압박에도 불구하고
작가들의 파업과 시위를 함께하고 지지를 선언한
미국연기자조합
유명 배우들과 프로듀서, 토크쇼 MC들

"나는 작가들을 지지한다.
그들이 만드는 대사와 각본이 없다면
배우는 아무것도 아니다.
나는 아무도 집을 잃지 않았으면 좋겠고
아무도 오랫동안 실업자가 되지 않았으면 좋겠다."
— 웬트워스 밀러, 배우

"나는 이 사람들과 20년간 일을 해왔다.
이 사람들이 없으면 난 웃길 수 없다.
이 사람들이 없으면
나는 죽은 거나 다름없다."
— 제이 레노, 〈투나잇쇼〉 진행자

무엇보다
파업을 지지한
시청자들의
3분의 2

결국

작가들은 파업 100여일 만에
온라인상의 스트리밍에 대한
정당한 노동의 대가를
인정받을 수 있게 된다

파업 당시
많은 작가들이
5만달러(4400만원) 이하의 연봉을
받고 있으며
대부분(의료보험이 적용되는)
일정한 직업을 갖지 못한 것으로
파악되었다

"나는 분노한다.
탐욕스런 제작사가 나를
탐욕스럽다고 비난하기 때문이다.

나는 분노한다.
나의 탐욕이 정당하고
이유 있는 것이기 때문이다.

만약 내가 만든 상품이
인터넷에서 팔린다면,
나는 마땅히 수익의 일부분을 차지할 권리가 있다.

그러나 제작사의 탐욕은
좀더 교묘하고 계획적이다.

그들은 내 상품을 인터넷에 올리면서
아무것도 하지 않는다.

단지 내 상품을 인터넷에서
공짜로 다운로드받게 하면서
'프로모션'을 위해서라고 변명한다.

제정신인가?"

— 데이먼 린들로프, 드라마 〈로스트〉 작가

/ 할리우드 영화/산업/사

영화의 역사는 1895년 12월 28일 프랑스 발명가 뤼미에르 형제가 파리 그랑 카페에서 '움직이는 활동사진' 10여 편을 상영하며 시작되었다. 이후 영화는 "미래 없는 발명품"이라는 창조자들의 비관적 전망과 달리 전 세계로 퍼져 각각의 방식으로 발전했다. 그중에서도 미국은 대중오락이자 엔터테인먼트 산업으로서 영화의 가능성에 일찍이 주목하여 이국적인 풍광이나 한바탕 소동을 담은 단편영화들을 소희극 프로그램의 일부로 편성했다. 싼 값에 신기한 볼거리를 향유한다는 점은 대중에게 크게 소구했고, 1905년 마침내 영화 전용 극장을 확보하게 된다.

입장료가 1니켈(5센트)이라서 '니켈로디언nickelodeon'이라고 불린 영화관은 뉴욕, 시카고 등 대도시를 중심으로 성행했다. 여가를 즐길 마땅한 방법이 없던 가난한 노동자들은 기꺼이 1니켈의 돈을 내고 극장을 찾았다. 1920년대 이전에 이미 2만 8000개 극장이 들어선 미국에서 새뮤얼 골드윈, 칼 래믈, 아돌프 주커, 워너 형제 등 야심가들은 영화/관의 무한한 상업적 잠재력에 주목한다. 2만여 개 영화사가 난립하던 춘추전국적 형세는 1915년 2월 데이비드 그리피스의

〈국가의 탄생〉이 개봉하며 정리되었다. 당시로서는 천문학적인 제작비(11만달러)가 소요된 〈국가의 탄생〉이 큰 수익을 올리자, 영화사들은 더 큰 영화로 더 많은 돈을 벌기 위해 대형화를 서둘렀다. 치열한 경쟁과 인수합병을 거듭하며 영화산업은 대기업의 독과점 형태로 급속히 변모해갔다.

그사이 독립제작자들은 독과점으로 인한 혼란을 피해 남부 캘리포니아 주 로스앤젤레스의 작은 도시, 할리우드로 근거지를 옮겼다. 멕시코 국경을 따라 길게 놓인 할리우드는 우선 뉴욕과 멀리 떨어진 곳이라는 점에서 매력적이었다. 산과 들, 바다와 사막, 숲과 평야를 간직한 풍광은 다양한 장면을 찍는 데 유리했고, 사시사철 화창한 날씨는 여전히 햇빛을 중요한 광원光源으로 삼았던 영화 촬영에 강력한 이점으로 작용했다.

할리우드에 새로이 둥지를 튼 촬영소(스튜디오)들은 더 빨리, 더 많은 영화를, 더 안정적으로 제작하기 위해 디트로이트 자동차 공장을 모방했다. 한 편의 영화는 각 분야 전문가들이 고도로 표준화된 기술로 찍어낸 시퀀스를 이어붙이는 '조립공정'방식으로 만들어졌다. 창의성이나 개성보다는 경제성과 효율성의 논리에 따라 한 해 수십 편씩 영화가 생산되었고, 이에 대한 전권은 촬영소 대표이자 제작감독이 독점했다. 트라이앵글모션픽처스 부사장 토머스 인스가 주도한 조립공정방식은 곧 '할리우드 스튜디오 시스템'으로 일반화되어, 제작사가 배급망과 극장까지 소유하는 '수직적 통합'을 통해 공고해졌다. 그리하여 1929년에 이르러서는 파라마운트, MGM, 워너브라더스, 20세기폭스, RKO픽처스라는 '빅 파이브big 5' 영화사가 극영화의 90퍼센트 이상을 제작하고 개봉 극장의 80퍼센트 이상을 장악했다. 이 같은 상황은 1948년 대법원이 파라마운트를 비롯한 5대 영화사의 극장 소유를 금지한 '파라마운트 판례'를 내리기까지 지속되었다.

할리우드가 거대한 '꿈 공장'의 꼴을 갖추는 동안 노동자의 지위는 날로 열악해졌다. 조립공정으로 제작 편수가 늘면서 하루 12~14시간씩 휴일도 없이 일하는 경우가 허다했다. 무명배우 같은 힘없는 노동자들은 별다른 이유도 없이 해고되거나 급료를 떼였다. 1920년대 '토키talky' 시대가 열리고나서는 목소리 나쁜 무성영화 배우들은 대거 퇴출되었다. 30대에 접어든 여자 배우들도 '폐기 처분' 되었다.

거대 자본의 횡포가 고용 안정성을 위협하자 할리우드 노동자들은 하나둘 조직화에 나섰다. 영사기사나 전기공 같은 관련 산업 노동자들이 주도한 움직임은 곧 할리우드 전체로 확장되었다. 미국감독조합, 미국텔레비전라디오예술가연맹, 국제극장·무대노동자연합, 국제전기공조합, 영화배우조합, 국제트럭운전기사조합, 미국작가조합 등이 이때 조직되었다. 각 조합은 자체 규약을 마련하고 소속 노동자들의 처우 개선에 나서는데, 1937년 미국연기자조합이 '스타 파워'를 앞세워 메이저 영화사들로부터 연장근무시 초과임금 지급, 안정적인 노동환경 보장 등을 쟁취한 것이 한 예다. 이후 노조는 국가의 법적 지원 아래 할리우드 영화산업의 한 축으로 성장하여 노동자들의 현실적 요구를 담은 표준계약서를 마련하고, 제작사에 인력을 제공하고, 최저임금을 강제하고, 갈등을 중재했다.

제작환경이 급변한 오늘날 노조는 그간의 영향력을 잃어가는 중이다. 반노조 정서 아래 로스앤젤레스에는 노조에 가입하지 않은 제작사가 늘었다. 영화 제작과 촬영에 있어서 국가 간에 합작이 이루어지고 할리우드뿐만 아니라 전 세계에서 영화 촬영이 이루어지면서 비노조원이나 외국인을 채용한 제작사들이 표준계약서를 위반하는 일도 빈번해졌다. 할리우드와 경쟁하는 다른 지역 노조들은 일감을 따내기 위해 임금을 최대 50퍼센트까지 삭감하는 등 스스로 규범을 파기했다. 할리우드 제작사의 다변화(월트 디즈니가 고용한 노동자들은 애니메이터뿐만 아니라 하키 팀 '마이티덕스'의 선수와 테마공원 직원까지 다양하다)도 노동자들의 연대감과 단일 전선 형성을 어렵게 만드는 요인이 되고 있다.

/ 미국작가조합 파업

2007년 11월 5일 시작된 미국작가조합 파업은 인터넷, 모바일, DVD 등 뉴미디어에서 발생하는 수익배분율을 놓고 영화방송제작자연맹과 갈등하는 과정에서 발생했다. 1985년 작가조합은 미디어 대기업들과 비디오테이프에 대한 판권 계약을 맺었다. 당시 양측에는 일반 가정에 비디오 보급률을 높이는 게 우선이라는 공감대가 형성돼 있었기에, 작가조합은 시장을 확보하는 데 필요한 재원을 마련한다는 취지로 애초에 요구하던 2.5퍼센트 지분을 0.8퍼센트로 낮춰 도장을 찍었다. 대기업들은 차후에 비디오 기술이 발전해 시장이 안정되고 넓어지면 재협상하겠다고 약속했다. 그러나 약속은 지켜지지 않았고, 작가조합은 22년 만에 이행을 촉구했다.

작가조합은 2007년 현재 DVD 개당 20달러에 달하는 수익 가운데 작가 몫으로 지불되는 돈은 3~4센트인데 이를 8센트(약 110원)까지 올리고, 애니메이션과 리얼리티 쇼 작가의 지분도 인정하라고 요구했다. 이에 대해 제작자연맹은 리얼리티 쇼와 애니메이션 작가를 포함시키는 문제는 지금은 무리라고 거절했다. 수익배분율은 DVD 시장 안정성을 여전히 보장할 수 없고 투자액도 회수하지 못했으니 이익이 생기는 대로 높여줄 것이며, 인터넷, 모바일 등 디지털 미디어를 통한 수익은 아직까지 시장 현황이 면밀히 조사되지 않아 배분을 확정지을 수 없다고 말했다.

의견차가 끝내 좁혀지지 않자 작가조합은 2007년 11월 5일 파업을 선언하고 실력행사에 나섰다. 〈로스트〉〈위기의 주부들〉〈데이비드 레터맨 쇼〉 등 드라마, 토크쇼, 영화 제작이 모두 중단되는 초유의 사태에 에바 롱고리아, 제이 레노, 우디 앨런, 숀 펜 등 배우와 프로듀서, 감독, 진행자 들은 팻말을 들고 시위에 직접 참여하거나, 시위 현장에 피자와 음료를 돌리고 SNS를 통해 지지 의사를 밝히는 등 측면 지원했다. 경제적 손실과 업계 종사자 대량 해고를 들먹이며 압박한 제작자연맹의 주장은 미국 시청자 3분의 2가 파업에 찬성하면서 설득력을 잃었다. 결국 제작자연맹은 조지 클루니, 앤젤리나 졸리, 톰

행크스, 조니 뎁 등 스타들이 2008년 1월로 예정된 골든글로브 시상식을 보이콧하자 백기 투항했다. 미국작가조합 파업은 2008년 2월 12일 제작자연맹이 노조의 요구를 모두 수용하며 끝났다.

/ 전국영화산업노동조합

전국영화산업노동조합(이하 영화 노조)은 2001년 개설한 인터넷 카페 '비둘기둥지'를 모태로 한다. 처음 비둘기둥지는 영화산업 노동자들이 불안정한 고용, 장시간 강도 높은 노동을 강요하는 현장, 열악한 급여와 불규칙한 임금 지급방식 등을 토로하는 '대나무 숲' 정도에 그쳤으나, 가입 회원 수가 늘고 현실적인 해결을 요구하는 목소리가 높아지면서 조직화에 돌입했다. 2003년 연출·촬영·조명·제작 등 4부 조수연합 결성, 2004년 조수연대 결성 등의 수순을 밟아 2005년 12월 15일 노조 출범을 알렸으며, '한국영화 극장점유율 50퍼센트, 관객 1000만 명' 시대를 평균연봉 640만원, 하루 평균 16시간 노동으로 떠받치는 노동자들의 권익을 찾는 데 앞장섰다. 그리하여 2007년 '근로기준법 준수, 노동시간 엄수'라는 전태일의 구호를 다듬어 표준근로계약서 적용, 고용 안정을 위한 근로기준법 준수, 노사 공동의 징계위원회를 통한 징계와 해고, 생리·산후 휴가, 남녀평등 및 성희롱 예방, 공휴일을 비롯한 유급휴일 보장, 연월차 및 병가, 노동안전 및 산업재해에 대한 보장, 노조활동 보장 등을 골자로 한 임금 및 단체협약을 제작자협회와 맺었다. "본 협약에 정한 사항은 위임사 내 제 규정, 개별적 근로계약과 근로기준법 등 노동관계법령에 우선한다"라는 합의조항을 통해 법적 구속력과 이행의무도 확보했다. 이후 제작자협회와 영화 노조는 한국영화산업협력위원회를 만들고, 영화진흥위원회와 함께 한국 영화산업 전반에 걸친 문제를 조정하기로 결의했다.

그러나 '임단협'이 현장에 적용되던 2007년 7월 한국영화 평균수익률은 마이너스 43퍼센트로 수직 강하했다. 개봉작 112편 가운데 손익분기점을 넘긴 영화가 13편에 불과한 상황에서 영화 배급시장의 64.2퍼센트, 상영시장의 91.4퍼센트(2013년 기준)를 잠식한 CJ E&M, 쇼박스, 롯데엔터테인먼트 등 거대 투자배급사들은 지금까지의 제작 시스템을 전면 수정했다. 제작사와의 동업자 관계를 청산하고 시나리오 개발부터 마케팅까지 제작 전 과정을 직접 관할했으며, 수익률을 관리하겠다며 제작비 절감을 지시했다.

자본과 배급망, 극장 체인을 한데 틀어쥔 투자사가 지갑을 닫자 영세한 제작사와 영화업체 들은 줄줄이 도산했다. 제작 규모와 편수가 줄면서 4000여 명이 일자리를 잃었으나 '절약'이 절실해진 영화계는 또다시 노동자의 희생을 요구했다. 얼어붙은 시장에 노동자들은 임단협을 적용하기는커녕, 임금이 체불돼도 혹여 고용에 불이익을 당할까봐 침묵할 수밖에 없었다. 그 결과 2009년 퍼스트급 이하 영화노동자의 평균연봉은 623만원으로 임단협 이전보다 오히려 낮아졌다. 표준계약서는 유명무실했고 4대 보험도 거의 적용되지 않았다. 하루 평균 13.52시간 일했으나 초과근무수당을 받은 사람은 1.6퍼센트에 불과했다. 업무상 재해시 산재보험 처리율은 10.98퍼센트이며 이중 9.58퍼센트는 개인이 비용을 부담했다. 한 제작사 대표는 "2008년 이후 영화 스태프들의 근무 여건은 오히려 나빠졌다"면서 "제도를 만들어도 자본이 동의하지 않으면 그만인 상황"이라고 자조했다.

노동부는 영화 제작 스태프가 근로기준법상의 노동자임을 인정하면서도 이들이 처한 현실과 요구에는 소극적인 태도로 일관했다. 영화진흥위원회는 협의 테이블 자체를 거부했다. 자본의 독과점과 국가의 방임에 영화 노조는 산업의 한 축으로 성장하기는커녕 조직을 유지하기도 벅찼다. 그러는 사이 2011년 1월 영화감독이자 시나리오 작가 최고은이 가난과 질병 속에서 숨졌다. 6월에는 10년간 노동자와 소수자 들의 투쟁을 카메라에 담아온 노동 다큐멘터리스트 이상현이 생활고에 시달리다 스스로 목숨을 끊었다.

2015년 4월 6일 문화체육부는 '예술인 창작안전망 구축 및 지원 강화'의 일환으로 영화 제작진의 근로여건을 개선하기 위해 추진된 영화산업 근로 분야 표준계약서의 개정안을 고시했다. 문체부는 "이번 개정안은 지난 2월 17일 있었던 노사 간 단체협상에서 합의된 사항들을 반영했으며, 이를 통해 그동안 정부의 직간접적인 지원이나 일부 영화기업과 단체의 자율적인 협약을 통해 근로표준계약서를 사용하고 있던 상황에서 발전하여, 근로표준계약서 사용이 영화계 전반으로 확대되고 정착하는 분위기가 조성될 것으로 기대된다"라고 말했다.

"저는 부인과 세 살, 네 살, 여섯 살짜리 아이를 부양하는
한 집의 가장입니다.
매달 수입은 17만~20만엔으로
가스비 전기료 가구 임대료 등을 지급하고 나면
5만엔이 남습니다.
4월에 소학교에 입학하는 큰아이에게
8000엔짜리 소학교 지정 가방도 사주지 못하는 저는
한심한 아버지입니다."

본업 이외의 일이란 의미의
아르바이트

그러나
1990년대 일본의 고용 위기로 비정규직 노동자가 증가하며
아르바이트만으로 생계를 꾸리는 사람이
나이와 성별에 관계없이
증가하기 시작한다

실업자 증가로
대체할 수 있는 인력까지 많아지면서
최저임금조차 보장받지 못하는
일본의 노동자들

"300엔짜리 도시락 하나를
두 끼에 나눠 먹으며 절약하지만
돈을 모을 무렵이 되면
건강이 나빠진다."

당시 노동자들이 받던 최저임금
시간당 714엔(약 6650원)

그중 연 수입
200만엔(약 1860만원) 미만이
55.6퍼센트
— 2005, 금융홍보중앙위원회

이에 대한
일본 사회의 인식

"기업이 살아야
국민이 잘산다."

임금 인상시
기업의 임금 지불 능력을 먼저 고려

그 결과
2002년 경기 회복으로
대기업 임원의 보수가
평균 84퍼센트 포인트 증가했음에도

고용자의 보수는 오히려
5조엔 감소

"명목 GDP는 증가했지만
(노동자들이 여전히 가난한 이유는)
인건비를 억제해 주주와 대기업 임원만이
실수입을 늘렸기 때문이다."

— 모리나가 다쿠로, 경제분석가

그러자
"기업이 잘살아도
반드시 국민이 잘사는 건 아니다!"

최저임금은
노동자의 생계비라는 인식이 확산되며
시급 1000엔 운동이 시작된다

이때
중요하게 여겨진 개념
'다메'
(다메이케ためいけ: 저수지)

"큰 저수지가 있으면
가뭄에도 버틸 수 있듯이
최저임금 노동자들에게도
저축과 같은 다메가 있어야
안정된 일을 얻을 때까지 모아둔 돈으로
생계를 꾸릴 수 있다."

2015년 현재 우리나라의 최저시급은
5580원

월요일부터 금요일까지
매일 여덟 시간씩
꼬박 일할 경우

116만 6220원을 손에 쥘 수 있다

"시급은 최저임금에도 못 미치는 4000원,
하루 5시간씩 일해봤자
이번 달엔 40만원 남짓 손에 쥘 듯해요.
월세를 내고 나면 생활이 막막합니다.
식사는 편의점 음식으로 때우고
스무 살이라고 속이고 취업했던 식당 일은
시급 6000원을 받았지만
근로계약서를 써달라고 하자마자
해고됐어요."

— 고등학교 아르바이트생 A씨

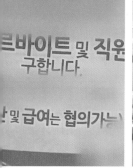

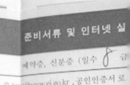

/ 최저임금

최저임금은 사용자가 고용인을 저임금으로 부리며 착취하는 일을 막고자 나라에서 정한 최소한의 임금이다. 노동자가 가족을 부양하며 '먹고사는 데' 필요한 만큼만 받는 임금을 생존임금이라고 한다면, 생활임금은 여기에 교육비와 약간의 문화비를 더한 임금을 말한다. 그런데 노동시장에서 노동의 수요·공급 법칙에 따라 결정된 임금이 생활임금은커녕 생존임금에도 미치지 못한다면, 국가는 노동자가 안정된 생활환경을 누리며 양질의 노동력을 제공할 수 있도록 해야 한다. 최저임금제는 바로 이러한 국가적 책무에서 비롯된 것으로, 결과적으로 가난을 퇴치하고 소득 불평등을 완화하며 소비를 늘려 경기를 활성화하는 데 일조한다.

최저임금은 1894년 뉴질랜드 정부가 최초로 명문화한 이래 오스트레일리아, 미국, 프랑스, 영국 등 서구 선진국을 중심으로 확산되었다(2008년 10월 현재 120개국에서 시행중이다). 한국에는 1988년 1월부터 시행되었으며, 당시 정한 최저임금은 600원이다.

100여 년 역사 동안 최저임금제를 둘러싼 논쟁은 분분했다. 찬성

측은 최저임금제가 '최소한 사람답게 살 수 있도록' 노동자의 인권을 보장할뿐더러 경제 발전에도 도움이 된다고 주장한다. 노동자의 소득이 늘면 구매력도 늘고, 생산된 상품 판매가 활발해지면 그에 따른 이익이 전체 경제에 돌아간다는 것이다. 반대 측은 최저임금제가 법정임금을 줄 수 없는 영세업체를 위기로 몰아넣어 학생, 주부, 외국인 등 비숙련 노동자들의 실업을 불러올뿐더러 이상과 달리 빈곤을 물리치지도, 소득불평등을 완화하지도 못한다고 반박한다. 후자는 특히 1980년대 미국의 레이거노믹스하에서 주로 제기되었는데, 그에 따르면 최저임금제가 적용되는 사업장에 고용되는 노동자는 대개 용돈벌이에 나선 중산층 십대들이다. 그애들의 임금이 가계소득에 보탬이 되는 것도 아니니, 결국 최저임금제는 부잣집 애들 용돈 올리는 것 말고는 아무 의미도 없다는 입장이다.

갑론을박을 이어온 최저임금제의 경제적 실효성은 2012년 일본 아베 총리가 집권하자마자 가장 먼저 기업들에게 임금을 올려달라고 '읍소'하고, 2015년 미국이 7달러 언저리의 최저임금을 10.1달러로 대폭 올리는 이른바 '텐텐 법'을 통과시키면서 '있다'는 쪽으로 기울었다. 법이 통과되기 전 오바마 대통령은 "1년 내내 일해 1만 5000달러를 벌어 가족을 부양할 수 있다고 생각하나. 할 수 있다면 당신이 한 번 해봐라"라는 도전적인 의회연설로 힘을 보탰다. 여기에는 실질임금이 나날이 줄고, 중산층이 무너지고, 내수 부진과 디플레이션이 지속되는 현 경제상황을 타개할 방안이 노동자의 임금 인상뿐이라는 정책적 판단과 함께, 노조의 영향력이 줄어든 오늘날 기업을 압박할 만한 대상이 국가뿐이라는 씁쓸한 현실이 전제돼 있다. 실제로 세계 최고의 노조 조직률을 자랑하는 덴마크에는 법정 최저임금이 없지만, 노조 조직률이 급락한 독일은 2015년 처음으로 법정 최저임금(시간당 약 1만 490원)을 도입했다.

/ 최저임금 인상과 법제화

2015년 3월 최경환 경제부총리가 "최저임금을 포함한 근로자의 임금 인상이 이뤄지지 않고서는 내수가 살아날 수 없다"라고 발언하면서 한국도 국제적 기조에 동참했다. 여러 경제지표가 '일본화'를 가리키고, 임금 불평등과 소득분배 구조가 악화일로를 걷는 가운데 비/정규직 노동자들은 정부의 입장을 크게 반겼다. 문제는 인상 폭과 최저임금 기준의 법제화 여부 및 적용이다. 우선 인상 폭. 정부와 새누리당은 지난 몇 년처럼 7퍼센트 포인트 대를 주장한다(2015년 최저임금이 시간 당 5580원이므로 7퍼센트 포인트를 인상하면 5970원이다). 노동계와 시민단체는 미국, 일본처럼 1만원을 요구한다(월 급여로 환산하면 약 209만원). 인상 폭이 커서 많아 보일뿐, 시간 당 1만원쯤 돼야 한국 사회의 소득 불평등과 노동 빈곤의 악순환을 끊을 수 있다는 것이다. OECD에 따르면 2011년 하위 10퍼센트 임금에 상위 10퍼센트의 임금을 대비한 임금 불평등 지수는, 한국이 4.85배로 33개 회원국 중 세번째로 높다. 한편 재계는 "2000년대 이후 최저임금의 급격한 상승으로 부담이 크다"면서 1.6퍼센트 포인트 인상을 이야기한다. 이를 최저임금에 적용하면 2016년 최저임금은 시간당 5669원이 된다.

인상률과 함께 민감한 쟁점은 '최저임금 기준'의 법제화다. 문재인·이인영·심상정 의원 등은 최저임금이 최소한 전체 노동자 평균 통상임금의 50퍼센트 이상은 돼야 한다면서 법안을 발의했다. 최저임금 수준이 낮아 저임금 노동 빈곤이 심각한 만큼, 법으로 하한선을 두자는 얘기다. 물론 정부와 여당은 생각이 다르다. 고용노동부 고영선 차관은 "경직적인 방법보다는 경제상황에 따라 현실적으로 결정하는 것이 바람직하다고 생각해 법에 반영되지 않았으면 한다"면서 반대 의견을 분명히 했다. 유승민 새누리당 원내대표도 "(최저임금을) 올해도 7.8퍼센트 포인트 인상하면 (시간당) 6000원을 넘어선다"며 "박근혜 정부 들어 빠른 속도로 올라온 인상 기조를 유지하자는 정도의 입장이지, 이것을 법으로 정할 생각은 안 하고 있다"고 말했다.

노사정의 이해와 입장이 첨예하게 갈린 상황에서 국제노동기구 부사무총장 정책특보 이상헌은 이를 중재할 만한 세 가지 원칙을 제안한다. 최저임금은 법률도 통계도 아닌 '정치과학'이고, 저임금 노동자의 생활 개선이 무엇보다 우선되어야 하기 때문에 이 원칙은 개별 입장을 넘어선다는 이유에서다. 첫째, 구매력 보존의 원칙이다. 최저임금은 저임금 노동자가 생활을 유지하도록 만드는 정책인 만큼 적어도 물가상승률을 반영해야 한다. 지난해에 소비자물가가 3퍼센트 포인트 올랐다면 최저임금도 최소 3퍼센트 포인트는 올라야 한다. 둘째, 나눔의 원칙이다. 최저임금은 경제 성장의 열매를 저임금 노동자에게 나누는 중요한 방법이다. 따라서 물가 상승분을 제외한 실질노동생산성 증가율이 4퍼센트 포인트였다면 이 또한 최저임금에 반영되어야 한다. 셋째, 형평성의 원칙이다. 최저임금이라고 해서 무작정 낮기만 해서는 안 된다. 나라마다 사정이 다르겠지만, 일반적으로 최저임금은 중위임금의 40~60퍼센트 수준은 되어야 한다.

원칙에 따라 최저임금이 결정되었다면 남은 것은 적용이다. 최저임금 이하를 받는 노동자가 8명에 1명꼴인 227만 명이고, 심지어 2014년 정부가 관리·감독하는 공공부문에서 최저임금 이하의 급여를 받는 노동자가 14만 명이나 되는 까닭은, 법령을 위반해도 별다른 처벌을 받지 않기 때문이다. 2013년 노동부는 1만 3280곳을 점검해 위반사항 6081건을 적발했지만 사법처리한 경우는 12건에 불과했다. 이에 새정치민주연합 한정애 의원은 사업주가 최저임금보다 적은 돈을 주었을 때 열 배까지 배상 책임을 지게 하는 법안을, 정의당 심상정 의원은 처벌규정을 3년 이하의 징역, 5000만원 이하의 벌금으로 강화하는 법안을 냈다.

해마다 최저임금은 사용자위원 9명과 노동자위원 9명, 공익위원 9명 등 총 27명의 위원으로 구성된 최저임금위원회에서 결정한다. 2016년 최저임금 심의는 2015년 4월 말부터 본격화된다.

/ 최저임금 빅맥지수

'빅맥지수Big Mac index'는 미국 패스트푸드 회사 맥도날드의 대표 상품 '빅맥'의 판매가격을 기준으로 세계 각국의 상대적 물가수준과 통화가치를 비교하는 지수이다. 1986년 영국 경제주간지 『이코노미스트』가 매해 상반기와 하반기에 발표하며, 햄버거 가격으로 경제 상황을 설명한다 하여 '버거노믹스Burgernomics'라고도 부른다. '최저임금 빅맥지수Big Mac minimum wages index'는 빅맥지수를 최저임금에 도입한 것으로, 2013년 미국 시장조사기관 컨버지엑스 그룹이 개발했다. 이에 따라 각 나라에서 햄버거 한 개를 사려면 몇 시간을 일해야 하는지를 따져 나라별 최저임금을 비교할 수 있게 되었다. 예를 들어 어떤 나라의 최저임금이 5000원이고 빅맥값이 5000원이면 빅맥지수는 1이며, 이는 빅맥 한 개를 사려면 한 시간을 일해야 한다는 뜻이다.

2013년 현재 최저임금 빅맥지수 1위는 오스트레일리아다. 시간당 최저임금이 16.88달러인 오스트레일리아에서는 18분만 일하면 빅맥 하나를 살 수 있다. 뉴질랜드와 프랑스는 지수 0.4로 공동 2위를 차지했다. 캐나다와 일본, 홍콩이 0.5를 기록해 공동 4위에 올랐으며, 지수 0.6인 미국은 7위를 기록했다. 한국은 0.7로 8위이고, 0.9인 그리스와 폴란드가 그뒤를 이었다.

경계

5
MIN

SIDE B

대학에 입학해서 얼마되지 않아 듣게 된 말이 'X세대'였다. 선배나 당시 기성세대들이 보기에 뭔가 이해 안 되는 구석이 꽤 많았던 우리 세대는 자연스럽게 'X세대'로 불리기 시작했다. 돌이켜보면 그 말의 함의는 원래 의미와 상관없이 그저 '제멋대로'인 세대가 아니었을까 싶다.

실제로 그랬다. 90년대 초반 학번이었던 나는 선배들이 온몸을 던져 싸웠던 민주화의 수혜자이자, 기성세대가 '개고생'하며 이룩한 경제성장의 수혜자였다. 외부적으로 주어졌던 당위로부터 상대적으로 자유로웠다. 개인적 관심사에 좀더 몰두할 여유가 있었고, 그 덕에 나의 대학생활은 과거 어떤 세대보다 '대학생활'이라고 하는 이상에 근접해 있었다.

하지만 그렇다고 해서 X세대라는 표현이 그러한 사회·경제적 맥락을 포괄하는 용어는 아니었다. 오히려 세대적 특성을 부추겨 개성을 강조하는 상품을 판매하기 위한 상술에 가까웠다. 실제로 당시만 해도 '386세대'라는 말 외엔 각 세대를 사회적 맥락으로 표현하는 말이 존재하지 않았다.

그런 우리 세대가 최근엔 '298세대'라고 불리기 시작했다. 그뿐만이 아니다. 언젠가부터 유신세대, 386세대, 298세대, 88만원세대처럼 각 세대를 정치·사회·경제적 맥락에 근거해 촘촘하게 규정하는 게 당연시되었다. 그러다보니 마치 각 세대가 상호 배타적인 것처럼 여겨지기 시작했다. 특히 선거 때마다 드러나는 세대별 투표성향이 언론을 통해 부각되며 세대 간 갈등을 기정사실화했다.

하지만 막상 세대갈등이란 걸 자세히 살펴보면 사실상 20대에 대한 비판이 대부분이다. 세대별로 상호 대등하게 갈등하는 게 아니라,

20대를 제외한 나머지 윗세대가 20대를 일방적으로 훈계하고 있는 상황이다.

심지어 훈계하는 방식도 똑같다. 자신들이 경험한 20대에 비추어 지금의 20대가 부족하다고 여겨지는 점을 지적하는, 그야말로 '꼰대'스러운 방식을 윗세대 모두가 공유하고 있다. 이는 세대갈등이라기보다는 어느 시대에나 있었던 기성세대의 '훈계질'일 뿐이다. 그런 면에서 현재의 세대론 혹은 세대갈등은 지나치게 과장되어 있다. 동시에 그러한 과장은 세대의 가장 하위에 속해 있는, 그래서 구조적으로 가장 약자라고 할 수 있는 현 20대를 향한 나머지 세대의 폭력적 인식을 은폐한다.

사회 구성원 상호 간에 발생하는 폭력(그것이 물리적 폭력이든 인식의 폭력이든) 중 상당수는 사실 구성원 전체에게 가해지는 사회적 압력이 원인인 경우가 많다. 하지만 사회적 압력은 눈에 잘 드러나지 않기 때문에 우리는 그것이 그저 구성원 간의 갈등이라고 생각하기 쉽다. 특히 세대론처럼 그럴듯한 '경계짓기'로 표현될 땐 더욱 그렇다.

이 장에는 기존에 개인 대 개인의 갈등으로 머물렀던 이야기들을 개인과 사회 차원으로 확장시키려는 시도가 포함되어 있다. 이는 전자의 경우가 완전히 틀렸기 때문이 아니라, 전자의 경계짓기만으로는 현상을 충분히 이해할 수 없기 때문이다. 우리 사회의 경우 특히 후자의 인식이 부족하다.

SIDE B / TRACK 01

세 개의 '국가개조론'

"내각 전체가 모든 것을 원점에서
다시 국가개조를 한다는 자세로
근본적 대책을 마련해달라."

— 박근혜 대통령, 2014년 4월 29일 국무회의에서

1930년대 일본

대공황과 만주사변으로
찾아온 위기

"정당과 군부, 재벌이
자기 욕심을 채우고 있다."
—『국가개조안원리대강』중

이를 타파하기 위해
일본의 사상가 기타 잇키가 제시한 해법

"정당과 재계, 군부와 파벌을
제거하는 작업이 필요하다."

이른바
"국가개조가 필요하다."

그의 사상에 영향을 받은
젊은 하급 장교들

정쟁을 일삼는 정당을 제거하고
천황의 직접통치를 목표로
1936년 쿠데타를 감행한다
(쇼와유신)

이 과정에서
수많은 정·관계 인사 암살

비록 천황의 원대 복귀 명령으로
쿠데타는 실패로 끝나지만
정당정치는 무력한 것으로 인식되고

이후 일본은
군부 중심의 군국주의로 폭주하게 된다

1961년 5월 16일
대한민국

군사 쿠데타 발생

"이 혁명은 국가의 재건혁명이자
인간개조 즉 국민개혁 혁명인 것이다."
— 박정희, 『국가와 혁명과 나』

그가 모든 걸 개조해야 한다고
생각했던 이유

"우리의 반만년 역사는 한마디로 말해서
퇴영退嬰과 조잡과 침체의 연쇄사였다."

"민주주의라는 빛 좋은 개살구는
기아와 절망에 시달리는 국민 대중에게는
너무 무의미한 것이다."

이러한 현실 인식 속에서 그가 제시한 해법

"민주적 정치권능보다 일관성 있는
강력한 지도 원리가 요청되지 않을 수 없다."

2014년 4월 16일
세월호 침몰

"과거로부터 켜켜이 쌓여온 잘못된 적폐들을
바로잡지 못하고 이런 일이 일어난 것에 대해
너무도 한스럽다."
— 국무회의, 2014년 4월 29일

이러한 현실 인식 속에서
대통령이 밝힌 해법

"사회의 안전 시스템을 근본부터 다시 바로잡고
'국가 대개조'라는 수준으로
생각하면서 사회의 기초부터 다시 세우는 것이
안타까운 희생을
헛되게 하지 않는 일이라고 생각한다."
— 세월호 희생자 가족과 만난 자리에서, 2014년 5월 16일

국가 대개조를 위해
내놓은 조치

해경 해체
정부기관 개편
책임자 엄벌

이후
남재준 국정원장 사퇴
김장수 국가안보실장 사퇴

그러나

강력한 국가개조를 약속했던
일본의 쇼와유신은
정·관계 지도자 암살 후
구체적인 개조 방법을
제시하지 못했다

/ 기타 잇키

　기타 잇키는 1883년 일본 니가타 현 사도의 양조장집 아들로 태어났다. 그즈음 일본은 메이지유신으로 근대화를 단행하는 한편 그 반대급부로 천황의 절대 권력을 확립하는데, 사도는 이러한 흐름에 저항한 '역사적 반항아'들의 유배지였다. 사도에서 나고 자라며 섬 특유의 공동체의식을 내면화한 기타 잇키는, 자유민권운동의 투사였던 아버지와 숙부들을 사표로 삼고 유배자들이 전파한 자유주의, 아나키즘, 사회주의 등을 습득하였다. 이는 훗날 사상가들의 '마왕'이자 국가 사회주의자로서 기타 잇키의 세계관에 자양분이 되었다.

　1901년 초 기타 잇키는 이상과 실제의 거리를 제 눈으로 확인하고자 무작정 도쿄로 상경한다. 당시 일본은 제국주의 정책을 추진하며 밖으로는 러시아, 청나라와 대립하고, 안으로는 경제공황과 빈곤, 노동자 파업 등 각종 사회 문제로 들끓었다. 극도의 혼란 속에서 1901년 5월 18일 고토쿠 슈스이, 아베 이소 등은 일본 최초의 사회주의 정당인 사회민주당(이하 사민당)을 창당하고 비폭력 사회정화운동에 나설 것을 선언한다. 군비 완전 폐지, 계급제도 완전 폐지, 토지와 자본 공유, 인민 참정권 보장, 보통교육 실시, 평등주의 확장 등을 강령으로 삼은 사민당은 하루 만에 정부에 의해 강제해산되지만, 현실 개혁을 꿈꾸던 기타 잇키에게 큰 충격을 안긴다.

이듬해 사도로 돌아간 기타 잇키는 스스로를 사민주의자로 규정하고, 부패한 현실을 타개할 방안으로 사민주의를 택한다. 그리고 천황에 전속된 권력을 국민에게 되돌리기 위해 메이지유신의 신화, 즉 천황의 절대적 권위를 상정하는 '만세일계萬世一系'의 허구를 폭로하고, 일본은 국민의 것이며 천황은 그 국민이 불러낸 자라는 파격적인 주장을 펼친다.

1906년 스물네 살에 펴낸 『국체론과 순정사회주의』는 이러한 문제의식을 망라한다. 책에서 기타는 천황 중심의 국체론을 비판하는 동시에 순정한 사회주의 가치를 실현할 공동체로서 국가를 강조하는 국가 사회주의자의 지위를 점한다.

나아가 러일전쟁이 군주정인 러시아와 사민주의(가 될) 일본의 계급 투쟁이라는 독특한 해석을 내놓으며 제국주의와 사회주의를 모순없이 결합한다.

"나는 명백하게 고백한다. 나는 사회주의를 주장한다. 나에게 사회주의는 모든 것이다. 거의 종교이다. (…) 하지만 동시에 나는 명백하게 고백하지 않을 수 없다. 나는 사회주의를 주장하기 때문에 제국주의를 버릴 수가 없다. 아니, 나는 사회주의를 위해 단연코 제국주의를 주장한다. 나에게 제국주의의 주장은 사회주의 실현의 전제이다. 내가 사회주의를 품고 있지 않다면 제국주의를 주장하지는 않을 것이다. 나는 제국주의를 내걸고 러일 개전을 외치는 바 그 바탕에 사회주의의 이상이 있다. 나는 사회주의자이면서 제국주의자이다."

『국체론과 순정사회주의』는 출간 닷새 만에 금서로 낙인찍힌다. 낙심한 기타는 중국으로 건너가 쑨원, 쑹자오런 등과 함께 중국 신해혁명에 참여한다. 그러나 쑹자오런이 테러로 사망하며 혁명이 좌절되고, 때맞춰 일본이 대륙을 침략해 반일감정이 거세지자 1920년 일본 혁명의 강령을 쓴 『국가개조안원리대강』(후에 『일본개조법안대강』으로 바뀐다)을 손에 들고 귀국한다.

『국가개조안원리대강』의 큰 줄기는 하급 군인들이 테러·암살 등 직접 행동(혁명)으로 부패한 정당정치를 일소한 후 천황의 대권에 따라 계엄령을 선포해서 헌법을 3년간 정지시키자는 것이다. 이에 따라 의회는 해산되고 임시정부가 발동하는데, 이때 천황은 메이지가 설정한 '지배 원리'가 아니라 '혁명 원리'로 기능한다. 즉 임시정부는 국가기관으로서 천황을 움직여 귀족제도 폐지, 보통선거 실시, 사유재산 제한, 은행·무역·공업 등 대자본의 국유화, 노동자 권리 향상, 국민 인권 옹호 등 사민주의의 이상을 시행하게 된다. 총 47부밖에 인쇄하지 않았고 발매와 함께 금서 처분을 받지만, 『국가개조안원리대강』의 대담한 논리는 필사본의 형태로 유통되며 좌우익을 막론하고 은밀한 파문을 일으켰다. 특히 '대일본제국'의 타락에 분노하던 황도파 청년 장교들 사이에서 '바이블'로 통할 만큼 막대한 영향력을 행사하면서 1936년 2·26쿠데타의 빌미가 되었다.

정변 발생 이틀 후 기타 잇키는 "순진한 황국 청년 장교들에게 불령不逞·과격한 사상을 주입한" 죄로 체포돼 1937년 8월 19일 총살당했다. 죽기 전 그는 "도련님에게 투구를 빼앗겨서 진 싸움"이라는 하이쿠를 유언처럼 남겼다. 이후 기타 잇키는 '극우 파시스트' '사이비 혁명가'라는 오명과 함께 파묻혔다가, '좌익과 우익의 이분법으로는 기타 잇키를 재단할 수 없다'는 일본 문예평론가 마쓰모토 겐이치에 의해 '혁명적 낭만주의자'로 복권되었다.

/ 국가개조

국가개조운동 또는 2·26쿠데타는 1936년 2월 26일 니시다 미쓰기, 무라나카 다카지, 이소베 아사이치 등 황도파 장교와 병사 1400여 명이 군 상층부를 상대로 일으킨 군사정변이다. 이들은 『국가개조안 원리대강』을 따르면서도 천황을 절대적인 존재로 상정하는 것이 아니라 혁명의 수단으로 여긴 기타 잇키 사상의 핵심을 이해하지 못하고 천황의 친정親政 아래 전면적인 국가개조를 주장했다.

황도파의 청년 장교들은 대일본제국이 국제사회에서 무시당하고 (1930년 일본은 자국의 해군력을 제한하는 '런던 해군군축조약'을 체결했다) 경제공황이 지속되는 암담한 현실을 무능하고 부패한 지배층 때문이라고 생각했다. 이에 천황과 국민 사이를 가로막은 채 제멋대로 정치를 하는 사이토 마코토 등 군부와 정부, 정당의 수뇌 들을 제거하고 천황의 친정체제를 확립하고자 2월 26일 정변을 일으켰다. 두 차례 조선총독부 총독을 지냈으며, 일본으로 귀국 후 총리와 외무대신을 역임한 사이토 마코토는 2·26쿠데타군에 의해 살해당했다. 그러나 천황을 받들어 모시는 혁명을 계획한 이들을 천황이 정작 반란군으로 규정하고 원대복귀를 명령하면서 쿠데타는 삼일천하로 끝났다.

1936년 7월, 2·26쿠데타에 가담한 현역 장교 열여섯 명을 사형 집행하는 것으로 황도파는 모두 숙청되지만, 군부는 '쿠데타 방지'라는 정치 개입의 명분을 얻게 되었다. 영향력을 점차 확장한 군부는 마침내 내각을 장악했고, 이후 일본은 군국주의로 치달았다.

오늘날 일본 『국사대사전』과 『최신우익사전』은 국가개조를 일본 파시즘 운동가의 용어로 정의한다. 또한 파시즘 운동가들은 '혁명' 대신 '유신'이라는 단어를 쓰는 경우가 많으며, 이때 유신과 국가개조는 거의 같은 뜻이라고 풀이하고 있다.

1961년 5월 16일 제2군사령관 부사령관 박정희 소장은 장면 정부의 무능력과 사회 혼란을 바로잡고 국가개조에 나서겠다며 군사정변을 일으켰다. 평소 기타 잇키를 존경했던 박정희는 쿠데타 직전 "2·26사건 때 일본의 젊은 우국 군인들이 나라를 바로잡기 위해 궐기했던 것처럼 우리도 일어나 확 뒤집어엎어야 할 것이 아닌가"라고 말했다고 한다. 제2공화국을 장악한 박정희 소장은 조만간 원대복귀 하겠다던 애초의 혁명공약을 번복하고 1963년 대통령 선거에 출마해 당선되었다. 연임까지 허용한 헌법을 바꿔 1971년 3선에 성공한 박정희 대통령은, 이듬해 10월 17일 긴급조치를 발동해 국회를 해산하고

모든 정치활동을 금지하고 전국적인 비상계엄령을 선포한 뒤 헌법을
또 한번 개정했다. 일본 메이지유신을 모방한 이른바 '유신헌법'의 골
자는 입법·사법·행정의 모든 권한을 틀어쥔 대통령의 종신 집권, 즉
사실상의 1인 독재였다.

　황도파와 박정희 소장의 국가개조가 천황에 대한 기타 잇키의 관
념을 오독하고 왜곡했다면, 박근혜 대통령의 국가개조는 사민주의를
꿈꾼 기타 잇키의 이상을 왜곡한다.

　2014년 7월 박근혜 대통령은 "온 국민을 비탄에 빠뜨린 세월호 사
고는 (…) '국가혁신'의 과업을 안겨주었다"라고 말했다. 2014년 초부
터 박 대통령은 줄곧 국가개조를 언급해왔는데, 국가개조가 일본 군
국주의 시대의 용어이자 하향적 권위주의 어휘이기 때문에 '국가혁
신'으로 바꾸는 게 좋겠다는 야당의 제안을 국가적 참사를 겪은 이
후 수용한 것이다. 그달 15일 열린 새누리당 전당대회에서도 "지금이
야말로 국가혁신을 강도 높게 추진할 시기"라며 야당의 조언을 재차
새긴 박근혜 대통령은, 그 첫 걸음으로 공무원연금 혁신(감축)과 공
공부문 혁신(민영화)에 돌입했다.

사라진 목소리와 공영방송

2014년 4월 17일
진도체육관

대통령을 향한
박수 소리와
텔레비전에서 사라진 목소리들

2000년
BBC 사장에 오른
친정부 인사 그렉 다이크Greg Dyke

5만 5000파운드(약 9300만원) 여당 기부
총리인 토니 블레어와 '절친'

"그렉 다이크가 사장이 되면
BBC의 엄격한 공정성과 중립성이
흔들릴 수 있다."

그리고 2003년
이라크전 참전을 위해
반전 여론을 잠재워야 했던
영국 정부

총리는 그렉 다이크에게
편지 한 통을 건넨다

'대규모 반전시위를 보도하는 등의
BBC 논조를 바꿔
정부와 보조를 맞춰달라.'

그러자

"이라크가 45분 이내에 발사할 수 있는
대량 살상무기를 보유하고 있다'는 정부의 보고서는
정부가 이라크전을 합리화하기 위해 만들어낸 거짓말이다."
― 앤드류 길리건Andrew Gilligan, 2003년 5월

그가 비판적 논조를 택한 이유

"모든 사람이 정치색을 가지고 있다.
하지만 '공정'이란 게 뭔지 이해하고
권력자의 애완동물이 되겠다는 생각을
가지고 있지 않다면
정치적인 색깔이나 출신이 문제가 될 건
없다고 본다."
― 그렉 다이크

사리사욕 금지
청렴성, 객관성, 책임성, 정직성 등
7개 항목의 공직 원칙에 의해 관리되는
12명의 BBC Trust(감독위원회) 위원들

"BBC 사장은 이들에 의해
공개모집, 선출, 임명된다."

정치 권력의
직접적인 참여
불가능

대신 여론을 통해 소개되는
사장 후보들의 면면

정치 권력의 '동의'가 아니라
국민의 '검증'을 받는
BBC 사장

한편
사장을 결정하는 이들은
여당 추천 인사 7명
야당 추천 인사 4명

11명 중 6명 이상이 동의하면
사장 선임 결정

야당 추천 인사가 모두 반대해도
사장 선임은 가능

그리고
이사회를 통과한 사장 후보의
최종 결정자는 '대통령'

결국 누가 되든
정부 여당과 대통령에게
종속될 수밖에 없는
KBS의 사장 선임방식

2012년 10월 30일
박근혜 대통령 후보
방송·통신인들과의 간담회

"공영방송 지배구조 개선을
심도 있게 논의할 공론의 장을 마련하고
그 결과를 받아들여 실천하겠다."

2013년 11월
"새누리당은 공영방송 사장과 이사 선임제도를
현행대로 유지할 것이다."

그리고 2014년 4월 17일
진도체육관

KBS 뉴스를 가득 채운 대통령에 대한 박수 소리
사라진 실종자 가족들의 목소리

181

/ 공영방송

목적을 영리에 두지 않고, 청취자로부터 징수하는 수신료 등을 중요한 재원으로 삼아 국가기관으로부터 독립하여 방송하는 공영방송은 1922년 11월 개국한 BBC에 기원을 둔다. 처음 BBC는 영국방송유한회사로 출발했으나 오래지 않아 왕실면허Royal Charter를 받으면서 국영기업이자 독립회사가 되었다. 왕실면허는 영국 국왕이 내리는 일종의 설립허가증으로 BBC의 공영성을 강화하는 촉매가 되었으며, 이로 인해 정부 권력과 무관하게 사회적 의제를 설정하고 서로 다른 의견들이 양립할 수 있는 길이 열렸다. BBC 트러스트의 12명의 위원들은 사장을 선임하며, BBC의 전략과 정책 예산을 승인하고 감독, 평가한다. 또한 매년 온라인과 오프라인으로 보고서를 발행하여 누구나 BBC의 수입과 지출 내역을 볼 수 있도록 하고 있으며, BBC 편집 가이드라인과 프로그램 제작비 지급에 관한 규정과 절차, 독립제작사와의 계약관계 등도 상세하게 공개하고 있다.

이후 공영방송제도는 서구 여러 나라로 이식되어 저마다의 방식으로 자유와 독립성을 보장받았다. 그중에서도 노동자연맹, 공무원연합 등 사회 이익단체 대표 77명으로 구성된 공영방송위원회를 통해 사장을 선임하는 독일 공영방송 ZDF의 시스템은 공영방송 지배구조의 선진 사례로 꼽힌다. 한편 국가의 재원으로 운영하거나, 국가의 통제와 관리를 받는 방송은 국영방송이라고 하고, 민간 기업이 이윤을 목적으로 일정한 대가를 받고 행하는 방송은 상업방송이라고 한다.

공공의 힘으로, 공익을 위해, 소수의 입장까지, 공평하게 전달하는 공영방송의 대원칙은 1980년대부터 보편화되기 시작한 신자유주의와 1990년대 미디어혁명의 와중에도 변함없이 유지되고 있다. 1986년 영국방송연구소가 발표한 '공영방송의 여덟가지 원칙'은 공영방송의 태도와 지향을 명료하게 설명해준다.

1. 방송 프로그램은 전체 국민이 이용 가능해야 한다.
2. 방송 프로그램은 모든 취향과 관심에 부응해야 한다.
3. 소수자 특히 소외계층에 대한 특별한 서비스가 있어야 한다.
4. 방송사는 국가의 정체성과 공동체의식에 있어서 자신의 특별한 관계를 의식해야 한다.
5. 방송은 모든 이권에서 유리되어야 하며, 특히 당대 정부의 이권에서 그러해야 한다.
6. 방송의 주요 재원은 사용자 집단에 의해 직접적으로

조달되어야 한다.

7. 방송은 숫자에 대한 경쟁보다는 좋은 프로그램을 위한 경쟁을 독려하도록 구조화되어야 한다.

8. 방송에 대한 공적 가이드라인은 방송인을 제약하기보다는 자유롭게 해야 한다.

/ KBS

한국의 대표적인 공영방송 KBS는 1927년 출범한 경성라디오방송국을 전신으로 한다. 해방 후인 1947년 경성방송국은 국영방송이 되었고, 1973년 한국방송공사Korean Broadcasting System로 체제를 정비하면서 공영방송의 틀을 갖추었다. 그러나 자본금 전액을 정부가 출자하고, 대통령이 사장을 임명하며, 임원은 문화공보부 장관이 정한다는 '공사법'에 따라 1970년대 내내 사실상 관제방송으로 기능했다. 이 같은 종속성은 1980년대에도 계속되었는데, 1980년 11월 전두환 신군부정권은 언론을 효과적으로 통제·관리하고자 KBS를 중심으로 동양방송, 전일방송, 서해방송 등 민간 방송사 다섯 곳을 통폐합했다. 이른바 '언론통폐합'이다. 이후 12월 31일 언론기본법을 제정하며 법제상으로는 편성과 운영의 자유를 보장했지만 실제로는 문화공보부 산하 홍보정책실을 신설해 언론을 통제했다. 홍보정책실은 거의 매일 각 매체에 '보도지침'을 작성해 전달했고, 각 매체는 이러한 보도 가이드라인에 따라서 기사를 내보냈다. '땡전뉴스'는 '땡'하고 9시를 울리면 "전두환 대통령은…"으로 일제히 뉴스를 시작한 당대의 방송 세태를 풍자한 조어다.

언론기본법은 1987년 6·29 선언 후 폐기되었으나 KBS를 장악하려는 정부의 기도는 끝나지 않았다. 1990년 4월 12일 노태우 대통령은 KBS 이사회 의결을 거쳐 취임한 '최초의 민선 사장' 서영훈을 내치고 그 자리에 친정부 성향의 서울신문사 사장 출신 서기원을 임명했다. KBS 노조와 사원들이 출근 저지 시위로 항명하자, 정부는 방송사에 공권력을 투입하고 관련자 100여 명을 연행하여 'KBS 4월 투쟁'에 불을 댕겼다. 시민들의 지지를 등에 업고 사장 임명 반대를 넘어 방송 민주화와 독립성 보장, 방송사 민영화 반대를 요구하는 데까지 나아간 4월 투쟁은, 이후 MBC와 CBS가 합류하면서 1990년대 언론해방운동의 분수령이 되었다.

KBS가 공영방송으로서 지위를 얻기 시작한 것은 2000년 통합방송법이 제정되면서부터다. 통합방송법의 핵심은 방송정책 전반을 관리하는 방송위원회를 '합의제 행정기구' 형태로 독립시키는 것이다. 이를 통해 대통령과 여당뿐 아니라 야당이 추천한 인사로 구성된 방송위원들이 합의에 따라 KBS와 MBC 이사진 선임을 비롯한 방송정책권과 허가추천권 등을 자율적으로 행사할 수 있게 되었다. 그러나 방송위원의 구성과 선출방식에서 논란이 일었다. 특히 제21조와 제28조가 도마에 올랐다. 제21조는 대통령이 세 명, 국회의장이 국회각 교섭단체 대표와 협의해 세 명, 국회 문화관광위원회가 외부의 추천 의뢰를 받아 세 명을 각각 추천해서 총 아홉 명의 위원을 대통령이 임명하도록 규정하고 있으며 제28조는 이들이 다수결로 정책을 결정하도록 했다. 여대야소의 상황에서 여야 의석수 비율대로 구성된 방송위원회가 다수결로 KBS와 MBC 이사진을 추천·임명하고 이들이 각 방송사 사장을 선임하면, 정권의 입맛대로 방송이 좌우될 수 있었다. 가능성은 곧 현실로 나타났다. 2003년 노무현 대통령은 대선 후보 시절 선대위에서 언론고문 및 부대변인을 지낸 서동구를 KBS 사장으로 임명했다가 여론의 뭇매를 맞았다. 2008년 이명박 대통령은 독립적이던 방송위원회를 대통령직속기구로 바꾸고, KBS 이사회 선임과 사장 선출 등에 관여하면서 KBS 노조와 정면충돌했다.

  '이러다 땡전뉴스 시절로 되돌아가는 것 아니냐'는 우려와 함께 전문가들은 정권과 무관한 방송사 사장 선임 방안을 마련해야 한다고 입을 모은다. 성공회대 신문방송학과 최진봉 교수는 독일과 같은 방식으로 공영방송이사회를 꾸려서 KBS 이사를 추천하도록 하자고 제안했다. 이것이 현실적으로 힘들다면 관례상 7대 4(KBS), 6대 3(MBC)으로 구성된 공영방송이사회 구성을 여야 동수로 바꾸거나, 적어도 사장 선임 문제에서는 과반이 아닌 3분의 2 찬성으로 바꾸는 '특별다수제'를 도입하자는 것이다. 세명대 광고홍보학과 정연우 교수는 여기서 한발 더 나간다. 단순한 특별다수제로는 야당 인사 한 명만 포섭해도 얼마든지 여당이 원하는 인사를 할 수 있으니, 아예 야당 쪽 추천 이사 절반 이상의 동의를 받도록 하는 식의 '강화된' 특별다수제를 도입할 것을 제안했다. 이런 내용을 담은 공영방송 지배구조 개선방안이 2013년 여야 합의로 출범한 '국회 방송공정성특별위원회' 초안에 담겼으나, 끝내 여당의 반대를 넘지 못했다.

  2014년 11월 13일 새누리당 의원 155명은 KBS와 EBS를 공공기관으로 지정할 수 있는 '공공기관운영에 관한 법률 개정안'을 발의했다. 개정안은 'KBS와 EBS를 공공기관으로 지정할 수 없다'는 조항을 삭제해, 기획재정부장관이 인사와 재정을 직접 통제하고 필요에 따라 통폐합이나 민영화할 수 있도록 했다. 대통령이 공영방송사 사장 선출에 깊숙이 개입할 수 있는 조항도 기재되었다.

/ 통합방송법 이후 KBS 수난사

2000~2010년

2003년 3월 25일
노무현 대통령이 대선 캠프에서 언론고문 및 부대변인을 맡은 서동구를 사장으로 임명했다. KBS 노조가 '공영방송의 독립성을 훼손하는 낙하산 인사'라고 반대하며 서동구 사장 출근 저지 시위를 벌였다.

2003년 4월 28일
8일 만에 사직서를 낸 서동구 사장에 이어 KBS 노조와 언론단체의 추천을 받은 '동아일보 백지광고 사태' 해직 기자 출신 정연주 사장이 취임했다.

2006년 11월
정연주 사장이 재임에 성공했다.

2005년~2007년
KBS가 각종 여론조사에서 매체 신뢰도 1위를 차지했다.

2008년 2월 29일
이명박 대통령이 방송위원회를 대통령직속기구로 바꾸고, 방송위원회와 정보통신부를 합쳐 방송통신위원회(이하 방통위)로 개편했다. 초대 방통위원장에는 이명박 대선 캠프에서 선대위 상임고문을 지낸 최시중 전 한국갤럽 회장이 임명되었다.

2008년 8월 8일
이명박 대통령이 KBS 이사회의 해임제청을 받아들여 정연주 사장을 해임했다. 공영방송 사상 초유의 사태에 KBS 사원행동은 "정부의 방송 장악"이라며 강하게 반발했다. 정부는 1990년 '4월 투쟁' 이후 18년 만에 방송국 내에 경찰을 투입해 불만을 진압했다.

2008년 8월 26일
KBS 보도본부 기자 출신이자 이명박 대통령의 대선 캠프에서 방송전략실장을 지낸 김인규의 지인 이병순이 보궐사장에 임명되었다.

2008년 11월
11월 13일 시사프로그램 〈생방송 시사투나잇〉, 11월 15일 〈미디어포커스〉가 폐지되었다.

2009년 1월
KBS 사상 최초로 시위에 참여한 피디와 기자가 파면되었다.

2009년 11월 24일
김인규 사장이 취임했다. 전국언론노조 KBS 본부가 이명박 후보 캠프에서 방송전략실장을 지낸 전력을 문제삼아 출근 저지 시위에 나섰으나 실패했다.

2009년 12월 29일
심층보도프로그램 〈시사기획 쌈〉이 폐지되었다.

2010년 3월
기자와 피디 중심의 새노조인 전국언론노조 KBS 본부(이하 KBS 본부)가 정식 출범했다.

2010년 7월
KBS 본부가 '공정방송 쟁취와 조직개악 저지'를 위해 29일간 파업했다. 이중 60여 명이 인사위원회에 회부되었고, 파업이 끝난 후 13명이 중징계를 받았다.

2010년 12월 7일
조대현 부사장, 이정봉 보도본부장 등 경영진이 탐사보도프로그램 <추적60분> '4대강' 편 방송보류를 결정했다. 방송사 초유의 사태에 제작진이 '추적60분 불방, 책임자를 문책하라'는 현수막을 걸고 항의했다. 현수막을 단 사람들이 중징계를 받았다.

2011년~현재

2011년 1월 5일
방통위가 <추적60분>이 2010년 11월 17일 방영한 '의문의 천안함, 논쟁은 끝났나'에 경고(중징계)를 내렸다. 2014년 6월 13일 법원은 경고 처분을 취소하라고 판결했다.

2012년 3월 6일
KBS 본부가 '공정방송 실행과 탐사보도팀 부활'을 요구하며 95일간 파업했다.

2012년 10월
사장 임명에 앞서 KBS 본부는 길환영, 고대영, 강동순, 권혁부 등 'KBS 사장으로 절대 선임돼서는 안 될 부적격인사' 여섯 명의 명단을 공표했다.

2012년 11월 23일
길환영 사장이 취임했다.

2013년 3월
박근혜 대통령은 방통위의 핵심인 방송정책 업무를 미래창조과학부로 이관했다. 방송의 정부 종속성이 한층 높아졌다.

2013년 9월, 11월
KBS 노조들이 '방송법 개정 및 지배구조 개선'을 요구하며 1차 파업한 데 이어, KBS의 재정 안정과 방송 독립, 임금 투쟁'을 위해 400여 명이 총파업에 참여했다.

2014년 4월 16일
뉴스 특보에서 '세월호 탑승자 전원 구조'라는 오보를 냈다. 정부와 관련 부처, 관련 기관이 구조에 최선을 다하고 있다는 보도도 정부 브리핑을 그대로 옮긴 오보로 밝혀졌다.

2014년 5월 4일
KBS 본부는 김시곤 KBS 보도국장이 사석에서 "세월호 사고는 300명이 한꺼번에 죽어서 많아 보이지만 연간 교통사고로 죽는 사람 수를 생각하면 그리 많은 것은 아니다"라고 한 발언을 폭로했다. 아나운서들에게 검은 옷을 입지 말라고 지시한 사실도 폭로되었다.

2014년 5월 8일
세월호 참사 유족들이 여의도 KBS 본사를 항의 방문했다.

2014년 5월 9일
김시곤 보도국장이 긴급 기자회견을 열고 사퇴를 발표했다. 와중에 김 국장은 "길환영 사장은 청와대만 보고 가는 사람"이라며 길영환 사장의 보도 간섭과 청와대의 보도·인사 개입을 폭로했다.

2014년 5월 28일
KBS 본부와 KBS 노조 등 양대 노조가 '길환영 사장 퇴진'을 요구하는 총파업에 합의했다. 한국갤럽이 실시한 뉴스채널 선호도 조사에서 KBS 매체 신뢰도가 10퍼센트 가까이 하락하며 JTBC에 뉴스 선호도 1위 자리를 내주었다.

2014년 6월 5일
KBS 이사회가 길영환 사장을 해임했다.

2014년 6월 13일
KBS <뉴스9>이 문창극 전 총리 내정자의 자진사퇴에 결정적 영향을 미친 '문창극 망언'을 단독 보도했다.

2014년 7월 28일
KBS 본부가 "정부에 비판적인 시사프로그램을 무력화시키고, KBS를 관제방송으로 전락시키는 데 앞장선 사람"이라고 반대한 조대현 부사장이 보궐사장에 취임했다.

2014년 12월 19일
길환영 사장 퇴진 투쟁에 나선 직능협회장과 간부들이 중징계를 받았다.

가난한 이들은 왜 보수적이 되는가

노르웨이 이민자의 아들로 태어나
가난한 농가에서 성장

한 사회의 아웃사이더로서
미국 사회와 경제를
관찰하고 분석했던
경제학자가 관찰했던 하나의 현상

예일 대학에서
철학박사 학위를 받은 뒤
7년 동안 빈둥거리다가
겨우 얻게 된 경제학 강의 자리

하지만 몇 년 후
당대 주류 경제학 모델을
비판하는 책 한 권을 출간한다

"인간은 과시욕과 모방 본능에 따라
오히려 값비싼 재화를 선호하기도 한다."

― 소스타인 베블런Thorstein B. Veblen, 1857~1929

"이 책이 나오면서
소비자의 지출은 합리적 계산으로 인한 '효용 극대화'라는
(신고전파) 경제학의 기본가정에 구멍이 뚫렸다."

― 폴 스트레턴Paul Strathern, 1940~

유명인사가 된
그를 더욱 유명하게 만든
또다른 개념

유한계급 leisure class

"돈과 권력을 소유한 이들은
세상의 변화에 큰 압력을 느끼지 않고
굳이 세상을 변화시킬 필요성도 못 느끼기 때문에
기존 제도와 생활양식을 선호한다."

한편
생산직 노동에 종사하는
하위 소득계층

"가난한 이들은 현 제도와
생활양식의 변화를 원할 것이다."

그러나
당장의 일상과 생존만으로도
너무나 힘겨운 가난한 사람들

오히려
기존의 방식에 적응하는 데
모든 에너지를 소모함으로써
기존의 방식에 순응하는
'보수주의' 성향을 띄게 된다

"베블런은 우리의 경제 질서에 내재한 사회적 모순을
마르크스 이후 가장 선구적으로 분석한 학자였다."
— 루이스 멈퍼드Lewis Mumford, 1895~1990, 사회철학자

2014년 대한민국

높은 대학 등록금
저임금 비정규직 아르바이트
부족한 일자리

20대 앞에 놓인 힘겨운 현실

"과연 우리 사회에 '진보'는 가능한가?"

/ 유한계급론

『유한계급론』은 미국 경제학자 소스타인 베블런이 쓴 경제학서다. 베블런은 이 책에서 생산적 노동에 적극적인 의욕을 갖지 않고 비생산적 소비생활을 하는 계층으로 유한계급leisure class을 처음 소개했다. 미국으로 이주한 노르웨이 명문가에서 태어나 대학에서 경제학과 철학을 공부한 베블런은, 박사학위를 이수한 후에도 직업을 얻지 못해 아버지 농장에서 독서로 소일했다. 그러던 1892년 록펠러가 세운 시카고 대학의 경제학과장으로 임명되면서 다채로운 연구 활동을 하기 시작했고, 1899년 자본주의 사회에서 유한계급의 성격을 비판한 『유한계급론』으로 경제학계의 스타가 되었다.

제도학파의 창시자로서 베블런은 경제현상을 다양한 사회제도와 구조, 역사적 발전과정 안에서 설명했다. 그에 따르면 인류 역사에서 최초의 유한계급은 남성이었다. 약탈적인 미개사회에서 부의 원천은 전쟁과 사냥이었고 완력과 용맹성은 최고의 미덕으로 추앙받았다. 육체적인 면에서 여성보다 우월한 남성은 약탈행위를 통해 여성을 지배하고 소유했다. 포로를 아내로 삼던 것이 남성중심 가족제도의 기원이라면, 모든 생산적인 노동을 여성과 노예에게 전담시킨 것은 계급 분화의 시원이었다. 인간이 소유권 개념을 갖게 되자 힘센 남자들은 약탈과 침략이라는 비생산적인 일에만 전념하며 더 많은 전리품을 보유했고, 그 자체가 명예로운 일이 되면서 존경받았다.

문명이 발달하면서 약탈 단계에서 준평화 단계로 인류의 문화는 이행했지만 성공의 지표가 전리품에서 재산으로 바뀌었을 뿐 인류의 야만상태는 여전했다. 착취exploit는 (기사 등 봉건시대 유한계급의) 공훈exploit과, 산업industry은 하층민의 근면industry과 어원이 같은 것도 이를 보여준다. 다만 야만상태에서는 약탈자들이 자신의 지위와 우월감을 내보이고자 약탈한 전리품을 불태웠다면, 오늘날 유한계급은 사치스러운 소비를 통해 노동자들에게 약탈한 재력을 과시한다. 여기에는 화려한 무도회와 음악회를 열고, 실용성 없는 값비싼 옷을 사고, 연금술·점성술처럼 생활과 동떨어진 비학秘學을 공부하고, 집사나 유모 등 하인을 고용하는 것부터 인적 없는 섬에서 휴가를 보내고, 대학을 세우고, 아동 병원과 연구소에 천문학적 액수를 기부하는 것까지 모두 포함된다.

유한계급에게 낭비의 효용은 명성을 얻는 것이다. 과시적 여가(시간 낭비)와 과시적 소비(돈 낭비)는 형태만 다를 뿐 목적은 같다. 비싼

물건일수록 잘 팔리는 '베블런 효과', 다이아몬드처럼 가격이 높을수록 수요가 늘어나는 '베블런 재goods'는 유한계급을 선망하는 다른 계급의 모방심리를 보여준다.

사치스런 소비를 계속하기 위해 유한계급은 자신들에게 유리하게끔 법과 제도를 만들고 유지한다. "사회 진화에서 유한계급의 임무는 (이러한 법과 제도를 개혁하는) 흐름을 지연시키고 낡은 것들을 보존하는 일이다." 이들의 보수성은 너무나 뚜렷해서 상류층의 존경할 만한 특징으로 격상되며, 동시에 개혁은 하층계급의 현상으로 비하된다. 이에 따라 여성참정권 도입, 재산 상속의 제한과 폐지 같은 작은 변화마저도 "사회구조를 뿌리째 흔들고, 사회를 혼란에 빠뜨리고, 도덕성의 기반을 파괴하고, 자연의 질서를 교란하는 것"으로 비난받는다.

유한계급이 자기 이익을 보존하고자 보수적 성향을 띠는 데 반해 "자신의 모든 에너지를 생존투쟁에 모조리 쏟아부어야 하는 하층계급은 내일을 생각하고 더 나은 미래를 만들기 위한 노력을 할 여유가 없기 때문에 보수적이다." 부의 불평등한 분배가 그 자체로 개혁을 막는 직접적인 효과가 있음을 증거하는 이유다.

『유한계급론』은 19세기 미국의 사회·경제 상황을 배경으로 한다. 당시 미국은 증기기관, 방직 중심의 산업기반이 내연기관, 철강 중심의 기간산업으로 이동하고, 록펠러, 카네기 등 독점 자본가들의 등장과 함께 향락적 소비가 만연하던 시기였다. 정치경제 담론 또한 협동, 조화 같은 형이상학적 이상에서 약육강식의 사회진화론으로 바뀌고 있었다. 이에 베블런은 역사·구조·제도라는 새로운 문제틀로 인간의 경제활동의 동기를 해석했다. 그의 주장은 개인의 경제적 부가 늘어나면 국가의 부도 늘어날 것이라는 전제하에 공리주의적 관점으로 인간의 경제활동을 이야기했던 신고전학파의 논리를 가볍게 뛰어넘었다. 베블런이 '미국의 마르크스'라는 수식어를 얻은 이유다. 한편 취향과 소비성향, 관습으로 계급을 구분하고 기술한 베블런의 방법론은, 훗날 프랑스 사회학자 피에르 부르디외의 『구별짓기』에서 만개했다.

/ 계급배반투표

계급배반투표는 자신이 속한 계층의 이익을 대변하는 후보가 아닌 다른 계층을 대변하는 후보자에게 투표하는 현상이다. 비정규직 노동자가 선거에서 '비정규직 해결'을 공약한 진보당이 아니라 시장원리를 따르겠다는 보수당을 선택하는 것이 대표 사례다. 미국에서는 1990년대 이후 가난한 사람이 보수파를 지지하는 '빈곤의 보수화' 현상이 두드러지면서 계급배반투표가 화두로 떠올랐다.

역사학자 토머스 프랭크는 대대로 민주당과 진보세력의 표밭이던 미국의 가난한 캔자스 지역이 2000년 대통령 선거에서 공화당 지지로 돌아선 것을 보고, 그 이유를 파고들어 이 문제를 전면화했다. 그에 따르면 캔자스의 노동자들이 공화당을 지지하게 된 계기는 낙태 반대운동이다. 공화당 우파는 이 일에 보수 기독교 우파를 끌어들였고, 기독교 우파는 낙태 반대, 진화론 교육 반대, 동성애 반대, 줄기세포 연구 반대 등 이데올로기 공세를 펼치면서 노동자들의 당면한 경제 문제 대신 도덕·윤리 문제를 쟁점으로 부각시켰다. 여기에 위클리

스탠더드, 워싱턴타임스 등 네오콘 선전지는 물론 뉴욕타임스, 워싱턴 포스트 등 주류 언론이 가세해 계급 문제를 '문화전쟁'으로 호도했다.

'맥주를 마시고 총기를 소지하고 교회에 열심히 다니는 애국적이고 소박한 미국인'이라는 지극히 공화당적인 정체성을 내재하게 된 노동자들은, 와인을 마시고 채식을 선호하는 비판적인 지식인층을 계급의 적으로 돌렸다. 그러는 동안 민주당은 계급 투쟁을 잊은 채 화이트칼라 '여피'를 끌어들이는 데 역량을 집중했고, 결과적으로 광범위한 전통적 지지자들을 잃었다. 2004년 토마스 프랑크는 이 같은 연구결과를 정리해『왜 가난한 사람들은 부자들을 위해 투표할까』를 펴냈다.

리서치 조사업계 TNS에 따르면 2013년 18대 대선에서 저소득층 60.5퍼센트가 박근혜 후보를 지지했고, 문재인 후보는 39.5퍼센트의 지지를 받았다. 노무현 대통령이 당선된 16대 대선에서 저소득층의 이회창 후보 지지율은 51.8퍼센트, 노무현 후보 지지율은 46.1퍼센트였다. 한국 유수의 언론은 이에 계급배반투표 현상이 심화되고 있다고 결론짓고, 토머스 프랭크를 빌어 원인을 분석했다. 즉 미국 공화당처럼 한국 보수세력도 부자와 보수적 기독교, 우파적 언론이 '가치연합전선'을 구축해서 가난한 사람들에게 자유주의나 진보세력에 대해 잘못된 정보를 제공하고 부정적인 이미지를 심어주었다는 것이다. 그러나 한겨레사회정책연구소 한귀영 연구위원은 빈곤의 보수화, 계급배반투표 현상을 보다 면밀히 분석할 필요가 있다고 말한다. 실제로 자료를 보면 "50대 이상에서는 소득에 관계없이 박근혜 지지 현상이 나타났지만, 40대 이하에서는 가난할수록 민주당 등 야당 후보를 지지하는 경향이 나타났기" 때문이다.

『대한민국 정치사회 지도』의 저자 손낙구는 투표 분석이 주로 지역, 세대, 나이, 해당선거 이슈를 중심으로 이루어지기 때문에 계층적 요인은 약하거나 없다고 보았다. 그는 '집, 학교, 종교, 학력' 틀로 2002년부터 2008년까지 치른 네 차례 선거를 분석했다. 이에 따르면 집을 가진 사람, 집을 두 채 이상 가진 다주택자, 아파트에 사는 사람, 대학 이상 학력자, 종교가 있는 사람이 많은 동네일수록 투표율이 높고, 한나라당을 택한 비율도 높았다. 반면 무주택자, 단독주택 등 비아파트 거주자, 1인 가구, (반)지하거주자, 저학력자, 종교가 없는 사람이 많은 동네일수록 투표율이 낮고, 민주당(열린우리당 포함)에 투표하는 비율이 높았다. 이중에서 한국 사회의 계급적 지표가 되는 집과 투표율의 상관관계를 보자면, 집 없는 사람은 투표 참여율이 낮은 것으로 나타났다. "2년에 한 번씩 떠돌다보면 지금 살고 있는 동네는 '우리 동네'가 아니라 곧 떠나야 할 곳에 불과하다. 안정적인 동네가 사라지고 정치 문제를 함께 이야기할 동네 사람들이 없는 곳에서 투표율이 오르기는 어렵기 때문이다." 무엇보다 집 없이 셋방에 살거나 혼자 살거나 (반)지하나 비닐하우스에 사는 사람은 자신을 대변하는 정당이 없다는 이유로 투표를 하지 않았다. 투표 거부 자체가 정치적 행위임을 감안한다면 부유한 사람들은 투표를 열심히 하는 것으로, 가난한 사람들은 투표를 하지 않거나 상대적으로 야당에 투표하면서 자신의 정치적 의사를 표현하는 셈이었다.

손낙구는 "조사 결과 사람들은 이제껏 계급에 충실한 투표를 하고 있었다"면서 "문제는 계급배반투표가 아니라 투표할 이유를 만들어주지 못하는 정치 또는 정당 체제에 있다"고 지적했다.

썩은 상자와 수평 폭력

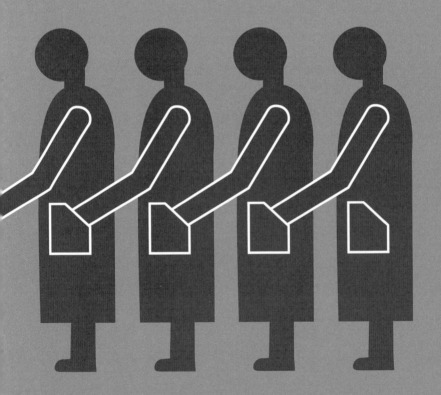

"아우슈비츠 수용소에서 처음 받은 위협,
첫 모욕, 첫 구타는
나치 친위대원들이 아니라
다른 포로들, 동료들에 의해 저질러졌다."

— 프리모 레비

1971년

스탠퍼드 대학 지하에 만들어진
'스탠퍼드 감옥 실험SPE(Stanford Prison Experiment)'

"실험의 목적은 단순했다.
수감자와 교도관 역할을 맡은
각각의 개인을 통해
역할이 사람을 어떻게 변화시키는지
알아보려는 것이었다."
― 필립 짐바르도Philip George Zimbardo, 1933~

철저한 신원 조회, 각종 심리검사를 거쳐
엄격하게 선발된 참가자들

범죄경력도 없고
범죄를 일으킬 가능성도 없다고 판단된
백인 중산층 가정의 평범한 젊은이들

짐바르도는 이들에게 무작위로
교도관의 역할과 수감자의 역할을
부여하고
14일간 관찰하기로 한다

점차
악랄한 교도관으로 돌변하여
온갖 폭력을 행사하는
젊은이들

수감자 중 폭력에 저항한 이는
단 한 사람

침묵과 방관 속에서
걷잡을 수 없이 커져가는
폭력

결국 실험은 6일 만에 중단된다

ⓒ 스탠퍼드대학도서관

"개인의 자질에만 초점을 맞춘다면
폭력의 문제를 해결할 수 없다.
적절한 아니 부적절한 상황적 조건만 형성된다면
어떤 인간이 저지른 행동은
그것이 아무리 끔찍한 것이라고 하더라도
우리들 모두가 저지를 수 있는 것이다.
썩은 사과가 썩은 상자를 만드는 게 아니라
썩은 상자가 썩은 사과를 만드는 것이다."

썩은 상자, 즉
폭력의 '구조적 원인'을 직시했던
또 한 사람

프란츠 파농 Frantz Fanon, 1925~1961

그가 목격했던
프랑스 식민지시대의
알제리

지배와 피지배라는
식민지구조 속에서
위에서 아래로 향하는
'수직 폭력'이 만연한 상황

알제리인들은
결국 점점 쌓여가는
분노를 폭발시킨다

© 영화 〈La Bataille d'Alger〉

그러나

분노가 향한 곳은
같은 민족
그중 자신보다 약한 가족, 형제, 친구, 동료…

"수평 폭력은 자신을 억압하는 근원을 향해
분노를 표출하는 것이 아니라
자신과 비슷하거나 나약해 보이는 사람에게
대신 분노를 드러내는 것이다."
— 프란츠 파농

이로 인해 수직 폭력을 가하는
억압의 근원은 은폐되고
폭력은 사회적 약자들 속에서
돌고 돌게 된다

2014년 대한민국

"배상금 때문이 아니라면
도저히 이해할 수 없는 행동이다."

"왜 하필 또래 아이들에게
직접적인 피해를 주느냐."

"단원고에 세월호가 대박을 안겨준 셈이다."

지나친 입시 경쟁을 부추기는
사회구조

공적 희생자(피해자)에 대해
제대로 된 배상을 하지 않는
국가

그러나 그들의 분노는
그 근원을 향하지 않고 있다

"(감옥) 실험이 끝난 후 우리는
핵심적인 질문이 제기되지 않았음을 깨달았다.
누가 무엇이 그 일이 그런 식으로
발생하도록 만들었을까?
행동의 배경이 되는 상황을 설계하고
유지하는 힘을 가졌던 자는 누구였나?
그렇다면 그 결과에 대해 누가 책임을
가지고 있을까?"

― 필립 짐바르도

/ 스탠퍼드 감옥 실험

스탠퍼드 감옥 실험(SPE)은 1971년 스탠퍼드 대학 심리학 교수 필립 짐바르도가 수행한 심리학 실험이다. '제도라는 외부적 특징이 그 환경 안에 있는 개인의 내부 기질을 얼마나 침범하는가'라는 단순한 호기심에서 출발했으나, 상황이 걷잡을 수 없는 방향으로 번지면서 실험은 곧 중단되었다.

'일당 15달러를 주겠다'는 신문광고로 참가자를 모집한 짐바르도는, 70여 명의 지원자 중 심신이 건강하고 범죄나 약물 남용 이력이 없는 남성 24명을 뽑았다. 모두 미국과 캐나다의 중산층 대학생들이자 로큰롤과 히피로 상징되는 저항문화의 총아였다. 선발된 대학생들은 제비뽑기로 간수와 죄수 역할을 나누었고, 죄수 역을 맡은 사람은 어느 날 아침 실제 상황처럼 체포돼 수감되었다. 실험 첫날은 별 탈 없이 지나갔으나 둘째날 간수들의 굴욕적인 대우에 죄수 폭동이 터지면서 상황은 급변했다. 이후 간수들은 죄수들에게 주먹질을 가하고 음식을 제한하고 대소변을 통제하고 성행위 흉내를 강요하는 등 육체적·정신적 학대를 자행했다. 나날이 강도를 더하는 간수들의 폭력에 참가자 다섯 명이 신경쇠약 증세를 보이면서 2주로 예정했던 실험은 엿새 만에 끝났다.

다음날 캘리포니아 샌쿠엔틴 교도소에서 대량학살 사건이 일어났다. 3주 뒤 뉴욕 주 애티카 교도소에서 또다시 대규모 인질극과 학살이 벌어졌다. 필립 짐바르도가 전문가 자격으로 두 사건에 관여하면서 대학 실험실에서 벌인 '작은' 실험도 세간에 알려지게 되었다. 짐바르도는 파괴적인 인간 행동을 개인의 '품성' 문제로 치부했던 그간의 견해에 맞서, 보통 사람도 '상황'에 따라 얼마든지 악해질 수 있다고 주장하며 SPE를 증거로 삼았다. 짐바르도가 결론 내린 '악의 심리학'은 사회적으로 커다란 반향을 일으키며 교도소의 억압적인 제도와 환경을 바꾸는 데 기여했으며 스탠리 밀그램의 '권위에 대한 복종 실험' 등 수많은 심리학 실험과 예술의 모티프가 되었다.

사회적 상황과 인간 행동의 관계로 논의가 제한돼 있던 SPE는 2004년 이라크 아부그라이브 포로수용소 사건을 계기로 확장되었다. 미군이 수감된 이라크 포로들을 성적·인종적·인격적으로 고문하고 학대한 사건에서 짐바르도는 SPE를 보았고, '누가 혹은 무엇이 그 일을 이런 식으로 발생하도록 만들었을까'라는 질문을 추적한 끝에 인간의 악을 유발하는 상황이 법률, 규칙, 규제 같은 '시스템'에 의해 창조된다는 사실을 발견했다. 시스템은 상황이 나타날 수 있는 제도적인 지지와 권위를 제공할뿐더러, 일반적인 상황이라면 법이나 관습, 윤리의 제재를 받는 행동에도 정당성을 부여한다. 이 정당성을 뒷받침하는 것은 대개 이데올로기인데, 이는 보통 구호나 선전문구 형태로 도덕적으로 고결한 이상인양 제시된다. '순수 게르만 혈통을 지키자'는 나치의 구호, 그에 따라 마련된 강제수용소, 수용소 규칙에 따라 유대인 수백만 명을 살해한 독일 군인들의 행태가 한 예다.

천사였던 루시퍼가 악마가 된 것처럼, 평범한 사람도 사회 시스템으로 인해 악행을 저지를 수 있다. 2007년 필립 짐바르도는 SPE에 대한 30여 년의 고민과 논의를 정리해 『루시퍼 이펙트』를 펴냈다.

/ 수평 폭력

자신을 억압하고 착취하는 근원을 향해 분노를 표출하기보다는, 자신과 비슷하거나 나약한 사람에게 분노를 드러내는 수평 폭력은 정신분석학자이자 사회철학자 프란츠 파농에서 비롯된 개념이다. 1925년 프랑스령 서인도제도의 마르티니크에서 태어난 프란츠 파농은 제2차세계대전에 프랑스 군인으로 참전하여 '식민지' 출신 '흑인'으로서 지독한 인종차별을 받았다. 이때 "온전한 백인이 되지도 못하고 온전한 흑인이 되지도 못하는" 자기 정체성을 깨닫고, 대학에 진학해 정신의학을 공부하며 북아프리카 식민지의 피지배자에 대한 연구를 본격화했다. 1951년 백인세계에 갇힌 식민지 흑인의 정체성을 심리학적으로 분석한 자기고백서 「흑인의 소외에 관한 시론」을 박사학위 논문으로 제출하지만 거부당했다. 논문을 수습해 1952년 『검은 피부 하얀 가면』으로 출판한 파농은, 이후 오리엔탈리즘과 식민주의, 인종주의 담론을 차례로 분쇄하며 전 세계 민권운동과 탈식민주의 운동, 흑인의식운동의 장을 열었다.

학업을 마치고 프랑스 정신병원에서 일하던 파농은 1953년 알제리의 블리다 주앵빌 정신병원으로 자리를 옮긴다. 제2차세계대전이 끝나면서 북아프리카에서는 민족해방운동이 본격화되었는데, 알제리는 그 메카였다.

1954년 백인들의 가혹한 식민 지배와 일상화된 폭력으로 인한 분노가 알제리전쟁으로 폭발했다. 혁명에 투신한 프란츠 파농은 정신과 의사와 투사의 겹눈으로 민중 해방의 과정을 조망했다. 『알제리혁명 5년』을 기술할 당시만도 그는 혁명의 미래를 낙관했으나 이미 독립을 쟁취한 아프리카 여러 국가에서 민족주의라는 이름으로 또다시 식민주의가 발동하는 것을 지켜보며 동요되었다. 진정한 해방은 '대지의 저주받은 자들'의 각성에서 비롯된다는 사실을 절감한 파농은 아래로부터의 혁명을 주장하게 되는데 '수평 폭력'으로 수렴되는 이론은 이 과정에서 벼려졌다.

식민지배자들은 알제리의 범죄율이 세계에서 가장 높은 축에 속하고, 법정에 온 사건 대부분이 폭력과 상해 등 강력범죄이며, 별다른 이유 없이 우발적으로 범죄를 저지른다는 사실에 근거해 '알제리인은 태생이 난폭하고 어리석은 종족'이라고 매도했다. 그러나 파농은 프랑스인이 아닌 동족을 향하는 알제리의 범죄가 다른 나라에서 알제리인들이 벌이는 범죄 행태와 매우 다르다는 점에 주목했다. 이에 식민지인들이 서로를 증오하고 잔인한 적으로 인식하도록 만드는 심리 기제를 밝히고, 그 자체를 식민지 상황의 직접적인 산물로 규정했다.

"식민지 상황에서 원주민은 자기들끼리 싸운다. 그들은 서로를 은폐막으로 이용하며, 민족의 적을 이웃이 보지 못하도록 가리는 역할을 한다. 하루 열여섯 시간 노동이 끝나고 지친 원주민은 자리에 쓰러져 눕지만, 천으로 구획된 방의 맞은편에서 아이가 울어 잠을 방해한다. 마침 그 아이도 꼬마 알제리인이다. 원주민은 상점으로 가서 밀가루 약간과 기름 몇 방울이라도 얻으려 하지만, 이미 상점 주인에게 수백 프랑의 빚이 있는 터라 보기 좋게 거절당한다. 그의 마음속에서는 증오심이 솟구치고 당장이라도 상점 주인을 죽일 듯한 살의가 번뜩인다. 상점 주인 역시 알제리인이다. 몇 주일 동안 일거리를 구하지 못한 원주민은 어느 날 '세금'을 내라며 닦달하는 관리를 만난다. 유럽인 행정관을 증오할 만한 호사도 누릴 수 없는 그는 증오의 대상을 그 관리에게로 돌리는데, 관리 역시 알제리인이다."(『대지의 저주받은 사람들』, 프란츠 파농 저, 남경태 역, 그린비, 2010)

수평 폭력은 결국 구조적 폭력이다. 근대 서구의 식민 지배가 자본의 세계화 과정이고, 인종주의와 계급이 별개가 아니라는 점에서 계급적 폭력이기도 하다.

대검찰청의 '2010년 범죄분석'에 따르면, 2009년 한국에서 살인 혐의로 기소된 사람은 총 1208명이고 이중에서 576명(47.7퍼센트)이 우발적으로 살인을 저질렀다. 폭행 혐의로 기소된 15만 7913명 중 6만

4071명(40.6퍼센트), 상해 혐의로 기소된 11만 6600명 중 8만 8759명 (76.1퍼센트)이 단순히 화가 난다는 이유로 다른 사람에게 폭력을 휘두르거나 상처를 입혔다. 우발적 범죄는 해마다 증가 추세여서, 살인 혐의만 보자면 2005년 기소된 사건 중 32.5퍼센트를 차지했던 비중이 2007년 34.4퍼센트, 2008년 35.7퍼센트, 2009년 47.7퍼센트로 높아졌다. 전문가들은 식민 지배와 군사정권이 낳은 권위주의적 시스템, 오만과 모멸의 사회구조 안에서 높아지는 학업 스트레스, 직장 내 경쟁, 가정불화, 빈곤, 사회적 안전장치 부재로 인한 불안 등을 견디느라 한국인들의 분노가 임계점에 다다랐다고 진단하고 최근의 범죄 경향을 수평 폭력으로 진단했다.

SIDE B / TRACK 05
공평하지 못한 세금의 결과

2014년 9월

"담뱃값, 자동차세, 주민세를
인상한다."

부자든 서민이든

담배를 사면
세금을 똑같이 더 내야 함

부자든 서민이든

같은 차를 타면
세금을 똑같이 더 내야 함

부자든 서민이든

같은 지역 주민이면
세금을 똑같이 더 내야 함

'부자'와 '서민'을
구분하지 않고
똑같이 걷는 세금

특히 담뱃값 인상 후
1년간 내게 될 세금
'121만원'은 (하루 한 갑 소비)

'9억짜리 주택'에 대한
재산세
혹은
'연봉 약 5000만원'에 대한
소득세와 맞먹는 금액

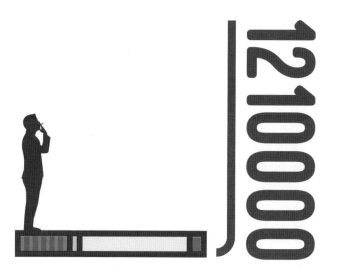

한편

이명박 정부 때
3퍼센트 포인트 낮춘 '법인세'

'현행 유지'

이명박 정부 때
2퍼센트 포인트 낮춘 '소득세'

역시
'현행 유지'

특히 상속세 의 경우

30년 이상 명문장수기업 소유주에게
500억원에서 1000억원으로
'공제한도 확대'

그럼에도
서민들을 위한 복지는
'축소'

'반값등록금' 공약
최대 지급률 25퍼센트까지 축소

'4대 중증 진료비 전액 국가 부담' 공약
3대 비급여 제외

모든 노인(65세 이상)에게 지급하기로 한 '기초연금' 공약
소득 하위 70퍼센트 노인에 한해
차등 지급

결국
가난할수록
세금을 더 많이 내는
'소득 역진' 현상이 가속화된다

1988년
연이은 선거 승리로
자신감에 한껏 고취되어 있던
마거릿 대처

소득별 차등으로 걷던 세금을
사람 머릿수에 따라
동일하게 물리기 시작

"너무 불공평하다."

"가난한 사람에게는
부담이 너무 크다."

하지만
국민들의 말을
전혀 귀기울여 듣지 않는
'철의 여인' 마거릿 대처

결국 1990년 3월 31일
트래펄가 광장에 모여든 사람들

"인두세를 철폐하라!"

하지만
대처 정부의 반응은
경찰의 곤봉 세례

결국
시위는 폭동으로 번지고 만다

그리고 그해 11월 20일
마거릿 대처는 존 메이어에게 자리를 내준다.

/ 대처리즘

경제정책을 뜻하는 '노믹스nomics' 대신 이념·사상을 뜻하는 '이즘 ism'으로 명명되는 대처리즘은 단순한 경제정책 이상을 의미한다. 영국 문화이론가 스튜어트 홀은 대처리즘을 전통에 집착하는 기존 우파의 보수주의가 아니라 "유지되려면 개혁해야 하고 지속되려면 혁명적으로 변화해야 한다는 철학을 적극적으로 지지하는" 자기 혁신적 정치 프로젝트로 규정했다. 내용면에서는 사회를 재구조화하기 위해 국가를 변혁하고, 성장과 분배의 적정균형을 꾀하고 복지정책을 추동하는 사회민주주의적 정책을 해체하고, 노동─자본의 대타협을 기반으로 한 정치문화를 뒤집는 것을 목표로 한다.

1979년 보수당이 총선에서 승리하면서 당대표였던 마거릿 대처가 총리직에 앉았다. 당시 영국은 1973년 원유파동과 최대 규모의 광부 파업, 인플레이션 등으로 전후 최대의 위기에 처해 있었다. 이러한 상황을 나태한 '영국병'으로 진단한 대처는, 복지는 공산주의의 또다른 이름이며 노조는 만악의 근원이라는 평소 지론에 따라 사회 전반에 걸쳐 강력한 개혁을 단행한다. 그리하여 공공지출 삭감, (부자) 감세, 국영기업 민영화, 노조활동 규제, 통화정책에 입각한 인플레이션 억제, 기업과 민간의 자유로운 활동 보장 등 신자유주의 경제정책을 시행하였다. 노동자들은 1984년 광부 파업 등 대규모 파업을 조직해 맞서지만 참담히 패배했고, 이후 재임 11년 동안 대처는 반노동법 여덟 개를 통과시키면서 영국 노조운동을 사실상 궤멸시켰다.

이 과정에서 불거진 사회적 불만들은 강화된 경찰력과 사법권으로 제압했고, 불온한 움직임을 통제하기 위해 거리 곳곳에 CCTV를 설치하며 감시 사회를 조성했다. 동성애 차별을 법제화하고, 스코틀랜드와 북아일랜드 지역을 억압하고, 남아프리카공화국의 아파르트헤이트(인종차별)를 공개 지지하는 등 보수 세력의 은밀한 염원들을 구현한 대처/리즘은, 전체주의 체제에 저항하는 민중의 이야기를 그린 그래픽노블 『브이 포 벤데타』의 배경이 되기도 했다.

대처리즘에 대한 평가는 극단을 오간다. 침체에 빠진 영국 사회를 혁신해 토니 블레어 총리 시절 경제 호황의 바탕이 되었다는 이들이 있는 반면, 빈부 격차를 벌리고 영국 산업의 기반이던 제조업을 붕괴시켰다는 비판도 높다. 1990년 보고서를 보면 대처 시대 영국의 불평등 수준은 종전 이후 가장 심각했고, 인플레이션, 실업률, GNP, 제조업 산출량 등 거시적 경제지표도 모두 쇠퇴했다. 잉글랜드 위주 개발은 지역감정을 심화해 영연방을 해체 직전까지 몰아갔다는 비난도 거세다. 특히 스코틀랜드에서 '주민세'라 불린 인두세를 먼저 시범적으로 시행하면서 이들 지역 주민들이 큰 타격을 받았고 민영화 정책으로 스코틀랜드의 철강과 조선 산업이 해체되었다.

2013년 4월 8일 마거릿 대처가 사망했을 때 대처리즘의 최대 피해 지역이었던 스코틀랜드는 축제를 벌이고 "장례식을 민영화하라"고 주장했다. 2014년 9월 18일 스코틀랜드는 영연방으로부터의 독립을 표결에 부쳤다. 표결 결과 반대 55.3퍼센트로 스코틀랜드의 독립은 무산되었다.

/ 인두세

성별, 신분, 소득 등에 관계없이 '사람人 머리頭'마다 일률동액一律同額으로 부과하는 인두세는 고대 그리스, 로마와 이슬람에서는 노예에게, 중세 유럽에서는 농노에게 매겼던 세금이다. 제국주의 시대에는 식민지정책의 일환으로 사용되기도 했는데, 설득력이 약하고 불평등을 심화시키는 것으로 악명이 높아서 1381년 영국의 '와트 타일러 봉기'로 대표되는 수많은 조세 저항을 불러왔다. 이런 이유로 서구사회에서는 전쟁 같은 혼란기에 한시적으로 시행한 것을 제외하면 19세기 무렵 대부분 폐지되었다.

과거의 유령이던 인두세는 1988년 영국에서 불현듯 부활했다. 경기 침체로 부동산 경기가 가라앉고 다양한 부자 감세정책으로 재정이 고갈되자, 마거릿 대처 총리는 줄어든 세수를 보충하기 위해 '현대판 인두세'인 지역주민세를 거론하기 시작했다. 당시 지역주민세는 부동산 소유 유무와 거주지의 크기에 따라 차등적으로 부과돼왔는데, 대처는 이를 투표권을 가진 모든 계층과 대상에 일괄적으로 적용한 것이다. 새로운 인두세는 1989년 스코틀랜드 지역에서 시행되었다가 1990년에는 잉글랜드와 웨일스 전역으로 확대되었다. 지역적, 계층적 차별과 불평등에 기반한 역진적 조세정책인 인두세는 1990년 '인두세항쟁'을 불러왔고, 결국 대처는 그해 11월, 1940년 네빌 체임벌린이 윈스턴 처칠로 교체된 이래 "총선 패배나 건강상의 이유와 상관없이 강제로 퇴진당한 유일한 영국 총리"가 되었다.

국가가 세금을 걷을 때 소득이나 재산이 많은 사람에게 더 많은 세금을 걷어야 한다는 '조세형평성의 원칙'은 균형 있는 재정을 구축하고 분배 정의를 실현하기 위한 것이다. 국가 재정에서 법인세, 상속세, 양도소득세 등 직접세가 차지하는 비중이 간접세보다 높아야 하는 까닭이기도 하다. 그러나 오늘날 신자유주의 체제하에서 전 세계가 직접세보다는 부가가치세, 주민세 등 간접세 비율을 점차 높이고 있으며, 이 흐름은 한국도 예외가 아니다.

직접세는 낮추고 조세 저항이 상대적으로 적은 간접세를 높이는 이른바 '부자 감세' 기조는 이명박 정권 들어서 확연해졌고, 박근혜 정부에도 지속되었다. 2014년 정부가 부족한 복지 재정을 메운다면서 담뱃세, 카지노 레저세, 유류세, 주세, 자동차세 등 이른바 '죄악세 Sin Tex'를 인상한 것도 그 연장선상에 놓여 있다.

죄악세는 부자나 빈자나 똑같은 세금을 낸다는 점에서, 무엇보다 담배와 술, 도박은 통계적으로 가난한 사람이 더 많이 소비한다는 점에서, 이중으로 역진적이다. 대선 후보 시절 '증세 없는 복지'를 공약한 박근혜 대통령이 부자 감세로 쪼그라든 세수를 서민에게 '꼼수'로 떠넘긴다는 비난이 비등했던 이유이기도 하다.

한국납세자연맹은 "늘어나는 복지 재원을 메우기 위해 힘없는 서민, 저소득층, 실업자 등 사회적 약자에 대한 증세를 일차적 수단으로 삼는 것은 부당하다"고 규탄하면서 "정부 지출을 줄일지, 복지 지출을 늘리되 합리적인 증세수단을 어떻게 찾을지 사회적 논의를 시작해야 한다"고 요구했다. 여론이 험악해지자, 9월 16일 최경환 경제부총리는 "박근혜 정부가 증세로 정책전환을 했다고 판단하는 것은 오해"라고 해명했다. 특히 논란이 큰 담뱃세에 대해 "세수 목적이 아니라 국민 건강 증진을 위한 것이며, 들어오는 세수는 금연정책, 국민

안전과 관련된 곳에 쓰겠다"고 밝혔다. 한편 김무성 새누리당 대표는 '꼼수 증세' '서민 증세'라는 야당의 공세를 "좌파의 정치 선동"으로 규정했다.

2014년 9월 새누리당 류성걸 의원은 할아버지가 손자의 교육비를 댈 때 상속증여세에서 1억원을 감면해주는 법안을 제출했다. 기획재정부도 설립 30년이 넘는 중소·중견기업의 소유주가 자녀에게 가업을 상속할 때, 재산 총액 중 1000억원까지 세금을 공제해주는 내용의 상속세 및 증여세·조세특례제한법 개정안을 입법 예고했다. 2010년 현재 OECD 32개국이 조세 등 정책수단으로 소득재분배를 개선한 비율은 평균 34.23퍼센트이며, 한국은 9.17퍼센트로 31위에 그쳤다.

5 MIN

SIDE B / TRACK 06

모독 VS. 모독

"그런데 선생님은 왜 이 나라에 살고 계신가요?"

1991년 1월 17일
쿠웨이트를 점령한 이라크를 상대로
미국과 영국, 프랑스 등
34개 다국적군이 대공습을 단행하며
시작된 전쟁

미국의 역사학자이자 사회운동가
하워드 진은
한 고등학교 강연에서
걸프전을 신랄하게 비판한다

그러자
하워드 진에게 적개심을 표출하는
한 소녀

© Pelenia VE. Matta/The Hoot

"그런데 선생님은 왜
이 나라에 살고 계신가요?"

스크린에
'전하에게 존경을 표하시오'
라는 문구가 나오고
국왕 찬가가 울려퍼지는
태국

자리에서 일어서지 않았던 한 청년
초티삭 온숭은
국왕모독죄로 재판을 받게 된다

"국왕과 여왕, 왕세자 또는 왕실을
비방, 모독하거나 위협하는
내국인과 외국인
3년 이상 15년 이하의 징역형 규정"

― 국왕모독죄(태국 형법 제112조)

2008년 태국

국왕모독죄 소지가 있는
인터넷 사이트를 감시하고 차단하기 위한
예산 8000만 바트(약 33억원)

400여 사이트가 국왕모독죄에 걸려
형사소추 당한다

2010년

은퇴한 노년의 남성
암폰 탕노파쿨

정부 관리에게 휴대전화로
왕비에 대한 불경한 문자
4건을 보낸 혐의로
징역 20년형 선고 후
옥중에서 암으로 사망

스위스 남성
올리버 유폐

거리에 있는 태국 국왕의 사진에
낙서를 한 혐의로
실형 10년 선고
한 달의 옥살이 후
본국으로 추방된다

"태국은 언론자유 지표에서
전쟁중인 아프가니스탄보다도
두 단계 낮은 130위다."
— 국경없는기자회, 2014년

2014년 9월 16일

대한민국

"국민을 대표하는 대통령에 대한
모독적인 발언이 그 도를 넘고 있다.
이것은 국민에 대한 모독이기도 하고
국가의 위상 추락과 외교관계에도
악영향을 미칠 수 있는 일이다."

'대통령에 대한 모독'을 언급하는 대통령

그러자
불과 이틀 만에

'사이버상 허위사실 유포사범 엄정대응'
방침을 발표하는 검찰

이후
수많은 사람들이
국산 메신저 카카오톡 대신
외산 메신저 텔레그램으로 '망명'한다

"그런데 선생님은
왜 이 나라에 살고 계신가요?"

이에 대한
하워드 진의 답변

"내가 사랑하는 건 조국, 국민이지
어쩌다 권력을 잡게 된 정부가 아니다.
어떤 정부가 민주주의 원칙을 저버린다면
그 정부는 비애국적이다.
민주주의에 대한 사랑은 당신으로 하여금
당신의 정부에 반대할 것을 요구한다."

/ 하워드 진

하워드 진은 1922년 8월 24일 미국 뉴욕 시 브루클린에서 유대인 이주민의 아들로 태어났다. 빈민가에서 자라며 이렇다 할 교육을 받지는 못했으나, 공장노동자이던 부모가 쿠폰을 모아 마련해준 『찰스 디킨스 전집』을 읽으며 문학과 세상에 대한 관점을 얻었다. 어려서부터 읽고 쓰는 일에 관심을 두지만 살림살이가 워낙 어려웠던 탓에, 고등학교를 마친 후에는 대학에 진학하는 대신 해군기지 조선소에서 일하며 노동자의 삶을 살았다.

1939년 제2차세계대전이 발발하자 하워드 진은 "반파시즘이라는 정의감"으로 미국 육군 항공대에 자원입대, 폭격수 보직을 맡는다. 처음에는 비명도 폭격음도 없는 창공에서 별다른 가치 판단 없이 임무를 수행하지만, 종전을 앞둔 1945년 4월, 연합군이 독일군 몇천 명을 섬멸하겠다고 프랑스 루아양에 네이팜탄을 쏟아붓는 광경을 보면서 전쟁에 깊은 환멸을 느낀다. 고향으로 돌아온 그는 오래지 않아 중폭격기 1200대를 동원한 루아양 작전이 군사적 목적이 아니라 지도부의 경력 쌓기의 일환이었다는 사실을 알게 된다. 체코슬로바키아 플젠을 폭격했을 때 민간인 사상자가 다섯 명이었다는 군사기록과 달리 시신 수천 구가 널브러져 있었다는 사실도 전해 듣는다. 전쟁은 엘리트 몇몇의 이익 외에 아무 목적이 없다는 진실과, 권력자의 역사가 알리지 않는 '민중의 (참혹한) 역사'를 마주한 하워드 진은 타협 없는 반전주의자이자 민중사가로서 인생의 좌표를 설정한다.

1952년 컬럼비아 대학 대학원에서 역사학을 전공한 하워드 진은 1956년 흑인 여자대학인 스펠만 대학교에서 역사학을 가르치게 된다. 노암 촘스키와 함께 '미국 현대사의 양심'으로 꼽히는 그는 흑인 차별에 항거하는 민권운동과 스펠만 학생들의 학습권운동에 앞장서지만, 백인우월주의에 사로잡힌 학교 당국의 눈 밖에 나는 바람에 1963년 보스턴 대학교로 자리를 옮긴다. 그곳에서 베트남 반전운동의 선봉에 선 하워드 진의 전력은 1·2차 걸프전을 거쳐 2000년대 '테러와의 전쟁'까지 면면히 이어진다. 이 과정에서 진은 주류 사학계와 언론이 '세계 최고의 강대국'이라고 치켜세우는 미국이, 실상은 전 세계 무고한 민중을 살상하고 약탈하는 무뢰배에 불과하다고 비판하면서 미국 현대사를 '폭격의 역사'로 규정한다.

"과거를 통제하는 자가 미래를 통제한다. 현재를 통제하는 자가 과거를 통제한다"라는 조지 오웰의 말을 즐겨 인용했던 그는, 한줌도 되지 않는 자들의 잇속을 위해 수천만 명의 목숨을 '의도하지 않은 사건' '부수적 피해'로 얼버무리는 현재를 직시함으로써 과거와 미래의 민중을 구원하려 했다.

정복자가 아닌 피정복자의 자리에서 미국의 역사를 재구성한『미국 민중사』(유강은 역, 이후, 2008)도 같은 맥락에 놓여 있다. 하워드 진은 콜럼버스의 '신대륙 발견'으로 시작해 '서부 개척사'로 이어지는 미국의 주류 역사에 대항해, 콜럼버스에게 학살당한 아메리카 원주민부터 노동자, 흑인, 여성, 동성애자 등 사회적 소수자들이 자기 목숨과 권리를 보장받고자 벌인 치열한 싸움을 중심으로 역사를 서술한다. 그에 따르면 미국사는 '건국의 아버지들'이 주창했던 자유와 평등, 민주주의의 확장사가 아니라 정치·경제 엘리트들이 부와 권력을 축적하는 과정이며, 상황은 여전히 진행형이다. 그는 이러한 흐름을 바꿀 힘이 민중에 있다고 보았다. 노예제도가 무너졌듯이, 여성이 결국투표권을 얻었듯이, 노동3권이 기어이 관철됐듯이, 오직 행동하는 민중에 의해 역사와 민주주의는 한 걸음 더 진보한다. 이것이 바로 하워드 진이 2010년 심장마비로 사망할 때까지 놓지 않았던 '불확실성의 낙관주의'다.

"1960년대 이후 발생한 주류세력에 대한 반발기류에 권위가 흔들린 기업과 군은, 자신들의 힘에 누구도 다시는 도전하지 못하게끔 하려 들고 있다. 이런 현실에서 우리는 단지 이러한 권력과 권위에 저항할 책임만 있는 게 아니라 저항정신의 유산을 다져나갈 책임도 있다. 직장이나 가정, 학교, 그 어디서든 평등주의와 새로운 삶을 가능하게 하는 공동체, 그리고 자주적 결정의 이상을 실현하는 노력을 기울여야 한다. 그것은 바로 '민주주의'라는 단어 속에 담긴, 아직은 실현되지 못한 약속이다. 그것을 마침내 이루어내야 할 책임이 바로 우리에게 있다."(『왜 대통령들은 거짓말을 하는가?』, 하워드 진 저, 김민웅 역, 일상이상, 2012)

/ 국가모독죄

국가모독죄는 1975년 3월 25일부터 1988년 12월 30일까지 대한민국 형법 제104조 제2항에 규정된 불법행위다. '내국인이 국외에서 대한민국 또는 헌법에 의하여 설치된 국가기관을 모욕 또는 비방하거나 그에 관한 사실을 왜곡 또는 허위사실을 유포하거나 기타 방법으로 대한민국의 안전·이익 또는 위신을 해하거나, 해할 우려가 있게 한 때에는 7년 이하의 징역이나 금고에 처한다'는 것이 그 내용이다. 1975년 3월 19일 공화당이 날치기로 통과시킨 이 법안의 목적은 '외신 통제'에 있었으나, 대통령 비판을 막는 수단으로 활용된 까닭에 일반에서는 대통령모독죄, 국가원수모독죄로 불렸다. 박정희 대통령을 두고 "일본 천황에게 충성을 맹세하고 일본군 장교가 되어 독립군에 총부리를 겨누었다"고 말한 『사상계』 발행인 장준하가 이에 따라 옥고를 치렀다. 하지만 당시에는 위협용에 더 가까웠고, 실질적인 위력은 전두환 신군부 시기 발휘되었다. 국가모독죄를 대표적인 '5공 악법'으로 꼽는 이유다.

1982년 한국에 진출한 다국적기업 콘트롤데이타는 노동 쟁의가 발생하자 일방적으로 공장 철수를 선언했다. 기독청년연합회 김철기

총무 등은 '콘트롤데이타 사태에 대한 우리의 입장'이라는 성명서를 작성해 국내외 기자 10여 명과 종교계에 배포했다. "정부가 콘트롤데이타 사태의 폭력에 대해 수수방관하고 동조하고 지원하면서, 다국적기업에는 나약하고 비굴하게 굴고 있다. 민중의 지지가 아닌 외세에 의존하고 있다"라고 비판하는 내용이었다. 7월 23일 검찰은 김철기를 국가모독죄로 기소했고 법원은 유죄 판결을 내렸다. 국가모독죄로 실제 구속이 집행된 첫번째 사례다. 이후 국가모독죄는 국가보안법으로 다스리기 힘든 반정부 인사를 처단하고, 정권에 대한 불만과 저항을 일소하는 데 활용되었다. 김철기 판결이 나오고서 사흘 뒤, 김영삼 신민당 총재의 비서실장 김덕룡이 외신 기자에 반정부 유인물을 나눠준 혐의로 국가모독죄로 구속되었다. 민주화운동청년연합 김병곤 상임위원장과 기독청년연합회 황인하 총무가 정부의 공안 탄압을 비판하다가 같은 죄목으로 구속되었다. 이철 의원은 국회발언 내용을 30여개 외국 공관과 언론에 배포한 혐의로 소환되었고, 신군부의 '보도지침'을 폭로하며 외신 기자회견을 한 김태홍, 신홍범, 김주언 기자는 구속되거나 유죄 판결을 받았다. 전두환 정권의 국가모독죄 운영은 점점 더 경색되어, 1987년 6월항쟁 직전에는 '기자회견장에 외신 기자가 한 명이라도 있을 경우 국가기관을 비방하는 발언을 하면 이에 해당되며, 외신 보도 여부에 관계없이 죄가 성립'했다.

/ 국가모독죄 뉴 버전

1988년 '국가발전을 위한 건전한 비판의 자유를 억제할 우려'로 폐지된 국가모독죄는 2000년대 재거론되기 시작했다. 2009년 6월 희망제작소 상임이사 박원순 변호사가 『위클리경향』과 한 인터뷰에서 국정원의 민간인 사찰과 시민단체 후원 기업에 대한 압력 의혹을 제기하자, 국정원은 대한민국의 명예를 훼손했다며 박원순 변호사를 상대로 명예훼손 소송을 냈다. 2011년에는 정운천 농림수산부 장관과 민동석 농업통상정책관이 MBC 〈PD수첩〉 '광우병' 편 보도가 자신들의 명예를 훼손했다고 〈PD수첩〉 제작진을 고발했다. 이를 두고 법조계에서는 한바탕 논쟁이 일었는데, 정부 정책 비판을 대한민국이나 공무원의 명예훼손으로 볼 수 있는가, 법률적으로 국가가 민·형사상 소송으로 다툴 수 있는 '명예'를 가지고 있느냐가 주요 논점이었다. 이에 다수의 법학자들은 국가가 명예훼손을 이유로 민사상 손해배상 책임을 묻는 주체가 될 수 없다는 입장에 섰다. 국가는 비판과 감시의 대상인데, 조금의 허위라도 인정될 시 손해배상 책임을 물리겠다는 건 비판과 감시를 하지 말라는 뜻과 다르지 않다는 것이다. 국가모독죄 대신 명예훼손죄가 비판여론을 압박하는 통치수단으로 악용될 소지가 있다는 염려 가운데, 2011년 대법원은 〈PD수첩〉 형사사건 등에 대해 "정부와 국가기관은 명예훼손의 피해자가 될 수 없다"고 최종 판결했다.

2014년 8월 3일 일본 산케이신문은 세월호 참사 당일 박근혜 대통령 행적에 의혹을 제기하는 기사를 썼다. 사고가 벌어졌을 때 박 대통령은 일곱 시간 동안 연락두절 상태였고, 비선 실세로 논란에 싸인 정윤회와 그 시각 함께 있었다는 내용이다. 조선일보 보도와 김기춘 청와대 비서실장의 증언을 토대로 두 사람의 부적절한 관계를 암시한 이 기사에 박근혜 대통령은 '대통령 모욕'을 거론했다. 며칠 뒤 검찰은 대통령에 대한 명예훼손 혐의로 가토 다쓰야 산케이신문 서울 지국장을 불구속 기소했다.

법학자들은 세월호 침몰 당시 대통령의 일곱 시간은 근무시간이었고, 국가적 비상사태에 대통령이 어디서 무엇을 했는지 문제를 제기하는 것은 정당한 일이라고 입을 모았다. 개인 박근혜와 대통령 박근혜를 구분해야 한다는 것이다. 숙명여대 법대 홍성수 교수는 그럼에도 "대통령과 정부가 해명 대신 소송을 제기하는 것은 국가 권력에

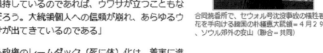

朴槿恵大統領が旅客船沈没当日、行方不明に…誰と会っていた？

2014.8.3 12:00　(8/8ページ)　〔追跡～ソウル発〕

　ウワサの真偽の追及は現在途上だが、コラムは、朴政権をめぐって「下品な」ウワサが取り沙汰された背景を分析している。

　「世間の人々は真偽のほどはさておき、このような状況を大統領と関連付けて考えている。過去であれば、大統領の支持勢力が烈火のごとく激怒していただろう。支持者以外も『言及する価値すらない』と見向きもしなかった。しかし、現在はそんな理性的な判断が崩れ落ちたようだ。国政運営で高い支持を維持しているのであれば、ウワサが立つこともないだろう。大統領個人への信頼が崩れ、あらゆるウワサが出てきているのである」

　朴政権のレームダック（死に体）化は、着実に進んでいるようだ。

合同焼香所で、セウォル号沈没事故の犠牲者に花を手向ける韓国の朴槿恵大統領＝４月２９日、ソウル郊外の安山（聯合＝共同）

대한 정당한 감시활동을 위축시킬 수 있다"면서 "사라진 국가모독죄를 명예훼손이 대신하고 있다"고 지적했다.

한편 영국 경제주간지 『이코노미스트』는 외신 기자가 본국에서 발행되는 신문에 한국 대통령에 대한 글을 썼다는 이유로 명예훼손으로 기소된 전례 없는 사건을 보도하며 다음과 같이 논평했다. "박 대통령은 가토 씨 같은 이들이 자신을 모독함으로써 국민을 모독하고 있다고 말한다. (하지만) 그녀의 국민은 더 심한 모독이 어렵게 얻어낸 이 나라의 민주주의에 가해졌다고 여길지도 모른다."

2014년 9월 16일 박근혜 대통령은 국무회의에서 SNS와 인터넷 등 "사이버상에 국민을 대표하는 대통령에 대한 모독적인 발언이 도를 넘고 있다"며 법무부와 검찰의 대응을 지시했다. 이틀 뒤 검찰은 '유관기관 협력체계' 구축, '전담수사팀' 운용, 실시간 모니터링 등을 골자로 하는 '사이버상 허위사실 유포행위 전담 수사팀'을 꾸리고 '사이버 명예훼손 단속 강화' 방침을 밝혔다.

5 MIN

SIDE B / TRACK 07
전시작전통제권과 세 명의 대통령

"서울 시민 여러분,
안심하고 서울을 지키시오.
적은 패주하고 있습니다."

그러나
1950년 6월 28일
새벽 2시 30분

갑자기 폭파되는
한강 다리

그 순간
국방부장관
육군참모총장
그리고
한국군 최고통수권자인
대통령은 이미 서울을 떠나고 없었다

한강교 폭파 16일 후인
1950년 7월 14일

UN군 사령관 맥아더에게 전달된 편지

"현 작전 상태가 계속되는 동안
지휘권 일체를 이양하게 된 것을
기쁘게 여기며…
한국군은 귀하의 휘하에서 복무하는 것을
영광으로 생각할 것이며…"

한국군을 대신 지휘해달라고 부탁한,
국민에게 안심하라는 말을 남기고 서울을 빠져나간,

한국군 최고통수권자
이승만 대통령

1951년 5월

수적 물적 우위에도 불구하고
'현리'에서 대패하는 한국군 3군단
(1951년 5월 16일~5월 22일)

일부 장교들은 계급장을 떼고 도주하고
병력의 30퍼센트와 중장비의 70퍼센트를 상실하고 만다

유재흥 3군단장에 대한
UN군 사령관 밴 플리트의 질책

"당신의 군단은 지금 어디 있소?"
"잘 모르겠습니다."
모든 포와 수송장비를 상실했단 말이오?"
"그런 것 같습니다."

— 밴 플리트, 『승리의 신념』

"한국군 3군단을 해체하고
육군본부의 작전권도 폐지한다.
육군본부의 임무는 작전을 제외한
인사와 행정, 군사 훈련에만 국한한다.
1군단은 내 지휘를 직접 받아야 하고
육군본부 전방지휘소도 폐지한다."

그리고
40여 년 후

전시작전권 환수를 추진하는
한 명의 대통령

노태우

"우리가 독자적으로
지휘권을 갖지 못한 것은
주권국가로서 창피한 일이었다."
—『노태우 회고록』

1994년
'평시작전권' 먼저 환수

그러자

"가급적 빠른 시일 내에
전시작전통제권까지 환수하는 것이
다음의 과제다."
— 조선일보, 1994년 12월 1일

"휴전이 성립된 지도 41년이나 지났으니
작전권의 일부가 아닌 전부를 하루속히 되찾아야 할 일이다."
— 동아일보, 1994년 10월 9일

이후

전시작전권 환수까지 추진하는
또다른 대통령

그러자

"전시작전권 환수를 주권으로 보는 건 잘못"

— 중앙일보, 2006년 8월 10일

"전시작전권에 관한
대통령의 오기와 모험주의"

— 동아일보, 2006년 8월 10일

"前 국방장관들
'작통권 논의중단 성명서' 준비"

— 조선일보, 2006년 8월 10일

얼마 후

성명서를 발표하며
전작권 환수에 강하게 반대하는
전직 국방장관, 참모총장, 군 장성 출신들

그리고 명단에 포함된 낯익은 이름

대한민국 예비역 장성모임
성우회星友會 고문
유재흥

/ 작전통제권

1950년 6월 25일 한국전쟁이 발발하자 유엔 안전보장이사회는 북한의 무력행위를 저지하기 위해 유엔군사령부를 창설하기로 결의하고, 유엔군에 대한 군사지휘권을 미국에 위임했다. 이에 맥아더 장군이 유엔 참전군을 작전통제하며 한반도에서 군사작전을 수행하게 되었다. 한편 취임 후 줄곧 '무력을 통한 북진통일'을 주장했던 이승만 정부는 의정부7사단을 지휘한 유재홍이 의정부 전선에서 대패하며 개전 사흘 만에 서울을 내주었다. 이후 이승만 정부는 6월 28일 서울과 한강 이남지역을 잇는 유일한 다리 한강대교를 끊고 남하하지만 국군 주력부대가 연일 패퇴를 거듭하자, 이승만 대통령은 7월 14일 "지금과 같은 적대 상태가 계속되는 동안 일체의 지휘권을 이양한다"는 편지를 맥아더에게 보냈다. 맥아더가 제안을 수락하면서 대한민국의 작전통제권은 미8군사령관에게로 넘어갔다(훗날 주한미군 사령관으로 마지막 유엔군 사령관을 겸한 리처드 스틸웰은 "지구상에서 가장 경이로운 주권 양도"라고 이 일을 평가했다).

1953년 정전 후 체결한 한미 상호방위조약과 이에 기대 1954년 11월

17일 작성한 '합의 의사록'에도 작전권의 귀속 주체는 달라지지 않았다. 4·19혁명 후 작전권을 다시 가져와야 한다는 논의가 활발히 전개되지만, 5·16군사정변으로 미국의 작전지휘권이 손상을 입고 그 책임으로 미8군사령관과 주한 미국 대리대사가 경질되면서 더이상 언급이 불가능해졌다. 그럼에도 박정희 대통령은 재임기간 내내 작전권을 가져오려고 애썼다. 특히 1968년 1월 21일 북한 특수부대가 청와대를 기습했는데도 헬기 한 대조차 마음대로 띄울 수 없게 되자 필요는 더욱 절박해졌다. 하지만 한국군에 대한 불신이 워낙 깊고, 이승만·박정희 대통령이 국내 정치의 난국을 전쟁으로 돌파할까봐 걱정했던 미국이 이에 불응하면서 박정희 대통령은 뜻을 이루지 못했다.

답보 상태이던 상황은 1970년대 새로운 국면을 맞았다. 1969년 닉슨 대통령은 '미국은 앞으로 핵우산만 제공할 뿐 베트남전 같은 대규모 참전은 하지 않을 테니 약소국은 스스로 자기 국방을 책임지라'는 요지의 '닉슨 독트린'을 발표했다. 1976년 1월 유엔은 제3세계에서 신생독립국이 쏟아지고 중공이 안보리 상임이사국이 되는 등 해빙 무드를 감안해 한반도 유엔군사령부를 해체하기로 결정했다. 그해 10월에는 '주한미군 철수'를 대선공약으로 내건 지미 카터가 미국 대통령에 선출되었다. 세계정세와 미국의 군사정책이 급변하면서 작전권도 변화를 겪을 수밖에 없었다. 1978년 한국과 미국은 한미연합사령부를 창설하고 유엔군사령부로부터 작전권을 이임 받았다. 그러나 한미연합사령관을 미군이 맡으면서 1994년 12월 1일 평시작전통제권(이라는 명목상의 권한)이 한국군에 공식 반환되기까지 작전권은 전적으로 미국에 속했다.

/ "지금과 같은 적대 상태가 계속되는 동안 일체의 지휘권을 이양한다"

작전권 전환의 핵심은 미군과 한국군의 종적인 관계를 횡적으로 재구축해 자주국으로서 권리를 찾고 한국이 한반도 평화의 주체가 되는 데 있다. 유수의 군사전문가들은 60여 년 간의 수직관계로 인해 한국이 치렀고, 또 치러야 할 희생을 다음과 같이 정리한다. 첫째, 국가 최고통수권의 핵심을 다른 나라가 행사한다. 둘째, 군의 작전·군수·인사 기능 가운데 핵심인 전시 작전을 미군에 맡기면서 한국군은 계속 약체로 남게 된다. 일례로 2010년 연평도 포격 사건 때 한국군은 제대로 된 대응도 못한 채 미국의 지시만 기다렸다. 셋째, 미국이 전시작전권(이하 전작권)을 행사하면 한반도는 북한이 원하는 북-미 구도로 고착된다. 북한이 군사적 도발을 했을 때 즉각적으로 타격할 수 있는 능력과 지휘통제권을 한국이 가져야만 북한이 마주해야 할 평화협상 상대가 한국군이 될 수 있다. 넷째, 미국은 물론 중국, 러시아 등 주변국에게 계속 무시당한다(제 군대의 작전권을 행사하지 못하는 나라는 전 세계에서 한국이 유일하다). 다섯째, 한미 간에 이익이 충돌해 조정이 필요할 때 미국이 원하는 대로 할 수밖에 없다. 실제로 1994년 북한이 핵 개발을 시작할 무렵 미국은 한국 정부의 뜻과 상관없이 영변을 폭격하려 했다.

문제의식을 공유한 노무현 정부는 2005년 전작권 환수 문제를 미국과 공식 협의하기 시작했다. 그해 국군의 날 기념식에서 "전시작전권 행사를 통해 스스로 한반도 안보를 책임지는 명실상부한 자주 군대로 거듭날 것"이라고 의지를 밝힌 노무현 대통령은, '주한미군과 본토 미군의 증원 없이 한국군 단독으로 북한과의 전면전에서 승리한다'는 국방부 보고서를 토대로 이듬해 8월 전작권 전환을 결정했다. 미국이 한국 정부의 분석과 판단에 호응하면서 계획은 급물살을 탔다. 2007년 2월 양국 국방부 장관은 전작권 전환일자를 2012년 4월 17일로 못 박고, 한미연합사를 한국과 미국 병행 사령부체제로 바꾸

기로 확정했다. 이에 한나라당과 군 원로 등은 긴급 회동을 갖고 작전권 환수 반대 성명을 발표했다. 한미 동맹의 핵심은 전작권에 있으며, 한미연합사 해체가 국가 안보를 위협한다는 이 성명에는 전직 국방장관과 합참의장, 각군 참모총장, 한미연합사 부사령관 등 전직 군 수뇌 70여 명이 동참했다.

이명박 대통령은 2007년 한나라당 대선 후보 시절, '전작권 전환 재검토'를 공약했다. 이 공약은 당시 전략적 유연성을 추진하는 미군의 전략과 어긋나 미국 쪽 반대에 부딪혔다. 그러나 2009년 2차 북한 핵실험 이후 한미 간 물밑협상이 시작되었고, 2010년 천안함 침몰 사건을 겪은 후, 북한과 중국 관계의 약진을 견제해야 하는 미국의 이해가 맞물리면서 전작권 전환 연기가 공론화되었다. 2010년 6월 27일 이명박 대통령과 오바마 대통령은 한미회담에서 전작권 전환을 2015년 12월 1일로 미루되, 재연기는 없는 것으로 합의했다.

대선 후보 시절 '전작권 전환을 예정대로 시행하겠다'고 공약했던 박근혜 대통령은 2014년 4월 25일 한미회담에서 전작권 전환 시기를 재검토해달라고 오바마 대통령에게 공식 요청했다. 이에 앞서 정부는 2014년 1월 한미 방위비분담협정을 개정해 이전해보다 5.8퍼센트(505억원) 늘어난 9200억원을 부담하기로 했다. 또한 2013년 11월 말 차기전투기 사업의 작전 요구 성능에 스텔스 기능을 넣음으로써 유일한 후보인 미 록히드마틴의 F-35를 사실상 낙점한데 이어, 미국산 무기 수조원어치를 구입하기로 결정했다.

2014년 10월 23일 미국 워싱턴에서 열린 한미안보협의회의에서 한미 정부는 전작권을 '시기'가 아니라 ▲안정적인 전작권 전환에 부합하는 한반도 및 역내 안보 환경 ▲전작권 전환 이후 한미연합 방위를 주도할 수 있는 한국군의 핵심 군사능력 구비 (및 미국의 보완·지속 능력 제공) ▲국지 도발과 전면전 초기 단계에서 북한 핵·미사일 위협에 대한 한국군의 필수 대응능력 구비 (및 미국의 확장 억제 수단과 전략자산 제공 및 운영) 등 일정 '조건'이 갖춰졌을 때 전환하기로 합의했다. 군사평론가 김종대는 북한의 핵·미사일에 대한 대비는 미국도 못하는 일이라면서 "전작권 얘기가 다시는 나오지 않도록 아예 빗장을 걸어 잠근 것"으로 풀이했다.

부동산 불패 신화와 아이 안 낳는 나라

텅 빈 우편함

멈춰버린 전기계량기

그리고

주인 없이 버려진
집

"땅을 사두면 훗날
반드시 이득을 볼 것이다."

이 시기 집중적으로
내 집 마련에 뛰어든
'단카이 세대 1947~1949년생'

1984년

1200만엔에 구입한
28평짜리 집

1990년

3600만엔으로
3배 상승

'도쿄 중심가 왕궁이 있는
지요다 구 하나를 팔면
캐나다 땅 전부를 살 수 있다.'

그러나

1990년대 들어서며
거품이 빠지기 시작하는
집값

주식 가격 급락과 함께
일본 경제의 최대 위협 요소가 된다

이에 대한 일본 정부의 선택

"경기 부양을 위해 재정을 투입한다."

약 73조엔(1992~1995) 중
상당액을 쏟아부은
토건사업

그렇게
일본은 '잃어버린 20년'이라 불리는
장기불황에 빠져들고 만다

'저출산(인구 감소)'으로 인해
주택 수요 급감

20년 전에 비해
반토막난 주택 가격

소득 기반이 붕괴되고
결혼과 출산을 회피하는
젊은 세대는
부모 세대의 집을 살 이유가 전혀 없었다

현재 일본은
연간 20만 채씩
주인 없는 빈집이 늘어나고 있으며

이는 경기도 분당(11만 채)의
약 2배에 해당한다

/ 잃어버린 10년

잃어버린 10년은 1991년부터 2000년까지 일본의 극심한 경제 침체 기간을 일컫는다. 헤이세이平成 연호를 사용한 1989년부터 시작되었다 하여 '헤이세이 불황'이라고도 한다.

1951년 미일상호방위조약을 체결한 일본은 군수산업으로 흘러들어오는 미국의 막대한 자본에 힘입어 전후 국가 재건에 성공했다. 1950년대 일본 경제는 연평균 10퍼센트를 웃도는 성장률을 보였고, 1964년 도쿄올림픽을 열고 경제협력개발기구에 가입함으로써 일본은 선진국 대열에 합류했다. 두 차례 석유파동으로 전 세계가 휘청대던 1970년대에도 일본 경제는 굳건했다. 이러한 상황은 실제보다 저평가되었던 엔화 가치로 인해 수출업종이 호황을 누리던 1980년대까지 30년간 지속되었다.

한편 석유파동 이후 침체에 빠진 미국 경제는 1980년대 들어서도 회복되지 않았다. 1981년 대통령에 오른 레이건으로 인해 경제성장률이 소폭 상승했으나 재정적자와 대일무역적자는 미국 경제의 발목을 잡는 '쌍둥이' 적자였다. 1985년 대일무역적자가 400억달러를 넘어서면서 레이건 대통령은 뉴욕 플라자호텔에서 열린 G5회담에

압력을 넣어, 미국 달러를 평가절하하는 동시에 일본 엔화와 독일 마르크화를 평가절상하는 '플라자 합의'를 이끌어냈다. 그 결과 한때 달러당 240엔대까지 치솟았던 엔화는 2년 만에 150엔대로 평가절상되고, 같은 기간 달러의 가치는 30퍼센트 이상 급락했다. 일본 경제가 수출에서 내수로 중심축을 옮기게 된 계기다.

일본은행은 엔화 가치 상승으로 위축된 경기를 뒷받침하고자 1985년 1월 5퍼센트였던 정책금리를 1987년 2월 역대 최저 수준인 2.5퍼센트로 인하했다. 수출 대신 돈 벌 길을 찾던 기업들은 저금리 기조에서 대출을 받아 사업 규모를 키우고 부동산 재테크에 돈을 쏟아부었다. 기업들의 투자 확대로 주가와 지地가가 오르고 기업의 담보가치와 차입 여력이 확대되면서 자연스레 자산 가격 상승을 유도했다. 부동산 가격 거품은 이 과정이 반복되면서 만들어졌다. 땅값은 반드시 오른다는 '부동산 불패신화'가 투자자들을 끌어모으고, 부동산 매매 차익을 챙긴 사람이 늘면서 돈을 빌려 부동산을 사는 투매 현상이 날이 갈수록 정도를 더해갔다. 열풍이 절정에 달했을 때 "도쿄의 땅을 다 팔면 미국을 살 수 있다"는 말까지 나돌았다.

거품이 꺼진 후 토건업자들과 밀착돼 있던 보수정권은 부실기업을 정리하는 대신 소극적인 구조조정에 나섰고, 공공투자 확대, 금리 인하 등 수요를 인위적으로 부양하는 성장 위주의 대응책을 펴면서 재정 적자를 악화시켰다. 금융기관은 경기가 회복되면 기업의 경영 상태도 정상화될 것이라는 안이한 기대 속에서 기업의 대출상환 기한을 미루거나 추가대출을 해주었다. 뒤늦게 심각성을 깨닫고 신규 대출을 줄이긴 했으나 2000년대 중반까지 부채를 정리하느라 애를 먹었다. 은행의 느슨한 신용 심사와 대출 확대 방침으로 인해 기업은 굳이 구조조정할 필요를 느끼지 못하고 구태를 계속했다. 그러는 동안 가계의 구매력은 떨어졌고, 직장을 얻지 못한 젊은이들이 결혼과 출산을 포기하면서 1990년대 중반부터 생산 가능 인구도 급격히 줄었다. 소비가 줄고, 고령 인구가 늘어남에 따라 경제 활력은 크게 위축되었다.

일본 경제는 2004년 고이즈미 정부가 지난 과오를 실토하고 실효성 있는 구조 개혁을 진행하며 침체일로를 벗어나는 듯했으나, 2008년 세계 금융 위기와 2011년 동일본 대지진 여파로 다시 부진에 빠지며 '잃어버린 20년'으로 이어졌다. 2013년부터 아베 정부가 대규모 양적 완화(돈 풀기) 정책과 구조 개혁을 주요 내용으로 하는 '아베노믹스'를 시행하고 있지만 성공 여부는 아직 미지수다.

/ 잃어버린 세대

보통 '잃어버린 세대lost generation'는 제1차세계대전 후 황폐해진 세상에 환멸을 느낀 미국의 지식계급과 예술파 청년들을 뜻하지만, 일본에서는 1990년대 초반에 대학을 다녔거나 구직활동에 나선 청년층을 가리킨다. 최근에는 '길 잃은 세대'로 옮기기도 한다. 제2차세계 대전 직후인 1947~1950년에 태어난 '단카이(덩어리) 세대'가 호황의 단맛을 볼 때, 그들의 자녀인 '잃어버린 세대'는 장기불황을 겪으며 극심한 취업 경쟁과 실업난에 허덕였다. 일본 내무부에 따르면 1980년 대 초 약 250만 명이던 청년층의 임시직·일용직 수는 1990년대 초 310만여 명으로 늘었다. 정규 일자리를 얻지 못해 임시 아르바이트 로 연명하는 '프리터freeter족', 독립할 길이 없어 부모 집에 얹혀사는 '캥거루족'이 이 무렵 등장했다. 고용 안정성을 위협받으며 능력 이하 의 직업을 전전했던 '잃어버린 세대'는, 이직移職을 꺼리고 공기업을 선호하는 등 노동시장에 극히 보수적인 성향을 보였다.

'잃어버린 세대'가 일본 경제의 잃어버린 10년과 조응한다면, 1980년 대 중반 이후 태어난 '유토리(여유) 세대'는 '잃어버린 20년'과 조응한 다. 경쟁보다는 자율성을 중시하는 '유토리 교육'을 받고 자란 이들은, '황금 달걀'이라는 기대가 무색하게 태어나자마자 주가와 땅값이 폭 락하고, 초등학교 2학년 때 일본 4대 증권사인 야마이치증권이 도산 하는 위기를 경험했다. 완전고용 신화가 무너지는 걸 지켜보며 자라 난 이들은 성인이 된 2010년, '일본의 날개' 일본항공이 법정관리에 들어간 것을 목도한다. 그러는 동안 2.3퍼센트던 실업률은 5.2퍼센트 로, 청년실업률은 3.8퍼센트에서 8.4퍼센트로, 국가 채무는 266조 엔 에서 864조엔으로 뛰었다. 부양해야 할 65세 이상 노인은 1489만 명 에서 2941만 명으로 늘었고, 사회 보장을 위한 정부 예산은 10조엔 에서 25조엔으로 증가했다. 그러나 사회적 부담을 함께 나눌 동년배 는 절대적으로 줄어서, 2014년 도쿄에서 성인이 된 인구는 20년 전 의 절반에 불과하다. 할 일은 많으나 할 수 있는 능력은 갖출 수 없는 구조에도 불구하고, 오늘날 일본에서 '유토리 세대'는 자기 주장과 권리만 내세울 뿐 의무는 다하지 않는 유약하고 어리석고 책임감 없는 젊은이를 통칭하는 용어로 사용된다.

'사토리(깨달음, 득도, 달관) 세대'는 현실을 냉정하게 인정하고 그에 적응하는 젊은이들을 일컫는 신조어다. 이는 2010년 인터넷 게시판 '2ch'에서 야마오카 타쿠의 책『갖고 싶은 게 없는 젊은이들』에 대한 의견을 나누던 중 한 누리꾼이 이름 붙였다. 야마오카에 따르면 '사토리 세대'는 연령적으로는 '유토리 세대'와 겹치지만 지극히 현실적인 생활태도를 갖추어서 "차도 타지 않는다. 브랜드 옷을 사지 않는다. 스포츠를 하지 않는다. 술도 안 마시고 여행도 가지 않는다. 연애에 적극적이지 않다. 돈만 많이 모은다." 또 "결과가 뻔히 보이는 일에는 나서지 않으려 하고 과정보다 결과를 중시한다." 사회학자 후루이치 노리토시는『절망의 나라의 행복한 젊은이들』에서 "돈이 없으면 합리적이게 되는 것은 당연한 일"이라면서, 젊은이들이 일자리를 갖거나 꿈꾸지 못하도록 하는 시대가 '사토리 세대'를 낳았다고 설명했다.

/ 일본화

'일본화Japanization'는 1990년대 이후 일본처럼 저성장 기조 속에서 경제가 장기불황에 빠지는 현상을 말한다. 2011년 즈음 미국과 서유럽의 경제 침체가 계속되자 파이낸셜타임스 등이 그 양태를 분석하는 과정에서 처음 사용했다. 서구 선진국의 경제적 난조가 단순히 경기 순환 문제가 아니라 성장이 한계에 부딪쳐 발생하는 구조적인 문제라는 분석이 이어지면서, 일본화가 향후 세계 보편적인 현상이 될 거라는 디스토피아적 전망이 제기되고 있다.

2012년 경제학자 장하준이 『시사IN』과 한 인터뷰에서 전 세계의 일본화 경향을 언급했고, 2014년 미즈호종합연구소 다카다 하지메 수석연구원도 세계 경제 상황과 일본의 장기불황을 비교하며 "전 세계가 일본화되고 있다"고 말했다. 『세계가 일본된다』의 저자 홍성국의 견해도 같다. 그에 따르면 세계는 환경 오염, 기술혁신의 한계, 사회 양극화, 고령화와 인구 감소, 기술 발달에 의한 공급 과잉, 부채 사회, 미국의 미래와 글로벌 불균형, 인간성의 변화와 무능한 리더십 등 여덟 가지 이유로 인해 일본화를 피할 수 없다. 실제로 2014년 유로존은 2분기 제로성장 발표 후 장기 물가 하락에 빠질 조짐을 보였다. 중국도 부동산 경기 둔화에 발목이 잡혀 좀처럼 침체에서 헤어나지 못하고 있다. 미국은 최근 실업률이 떨어지고 제조업이 활성화되는 등 실물경제가 회복되고 있지만, 청장년 인구가 줄어든 상황에서 오름세는 매우 더디다.

한국도 예외가 아니다. 실업률, 출산율, 가계대출 비율, 경제성장률, 물가상승률 등 여러 지표를 보았을 때, 최근 한국 경제가 일본화의 길을 착실히 밟아간다는 우려가 제기되고 있다. 이에 박승 전 한국은행 총재 등 경제 전문가들은 정부가 강도 높은 구조 개혁으로 사회 효율을 높이고, (부자) 증세로 사회 양극화를 해소하고 민간 소비를 늘리는 한편, 사회복지제도를 통해 실업과 저출산 문제 등에 대처해야 한다고 조언했다. 2014년 7월 최경환 경제부총리 겸 기획재정부 장관은 우리 경제가 일본의 '잃어버린 20년'을 답습할 우려가 있다면서 금리 인하, 부동산 규제 완화 등 성장 위주의 경기 부양책을 시행했다.

5 MIN

SIDE B / TRACK 09

꼰대 VS. 선배

"너희는 왜 우리처럼
닥치는 대로 일하지 않나?"

"너희는 왜 우리처럼
부당함에 맞서 싸우지 않는가?"

"너희는 왜 우리처럼
자유롭지 못한가?"

"너희는 왜 우리처럼…"

찢어지게 가난했지만
내일은 오늘보다 배부를 거라 믿었던
'산업화세대'

먹고살기 위해 밤낮없이 일하는 것이
자연스러웠던 그 시절

'가난 극복'이라는 '희망'을 품고 살았던
그 세대의 자부심과 위로

지금 당장은 암울하지만
내일은 오늘보다 민주적일 거라 믿었던
386세대

가치를 위해 연대하는 것이
자연스러웠던 그 시절

'민주주의'라는 '희망'을 품고 살았던
그 세대의 자부심

민주화와 경제 성장의 혜택을 모두 누렸던

298세대

(386세대~88만원세대)

다양한 문화 콘텐츠를 향유하며
자유로운 개인을 추구하고

진정한 선진국이 될 수 있다는
'희망'과 기대를 품었던 이들

대중문화 창달과 확산의 주역이란
문화세대의 자부심

그리고
IMF 외환위기 이후
20대를 맞이한
88만원세대

굶어 죽을 염려는 없고

'갑'에게 '을'로 받는 핍박은 있지만
잡혀가 죽는 독재정권 시절도 아니고

스펙쌓기에 몸살을 앓지만
그 어느 시절보다
자유분방해 보이는

그래서
그 어느 때보다 풍요로운 시대를
사는 것 같은 세대

그들에게 주어지지 않은
미래에 대한 '희망'

그들의 자존감을 회복할 수 있는
유일한 희망

'정규직'

정규직에 모든 걸 거는
88만원세대가
못마땅한 선배

"너희는 왜 우리처럼
닥치는 대로 일하지 않나?"

"너희는 왜 우리처럼
부당함에 맞서 싸우지 않는가?"

"너희는 왜 우리처럼
자유롭지 못한가?"

그러면서 한 손에 쥐여주는
'자기계발서'

또다른 손에 쥐여주는
'힐링' 도서

하지만

그들의 20대엔

노력하면 보상받을 수 있었던
적지 않은 기회와

누군가 부당함에 맞서면
혼자 외롭게 두지 않는 연대의식과

비교적 낮은 대학 등록금으로 인해
자유로운 생각과 경험이 가능했다는 내용은
포함되어 있지 않다

/ 세대론

　세대론은 각 세대가 지닌 서로 다른 사회적 성격을 강조하고 거기에서 사회 변화와 발전 동력을 찾는 이론이다. 새로운 세대가 구태를 혁신하고 참신한 비전을 제공하리라는 기대를 포함한다는 점에서 근대적 시간관의 산물이기도 하다. 계절처럼 돌고 도는 전통적 시간관과 달리 근대적 시간관은 앞을 향해 나아간다는 점에서 직선적인 시간관을 보인다. 미래는 늘 현재보다 낫고 진보는 바람직한 것으로 상정되며, 젊음은 그 자체로 '새로움'과 '미래'를 체현하는 특권적인 지위를 얻는다.

　연세대학교 국문학 박사(과정) 한영인은 프레시안에 기고한 '세대론은 끝났다'에서 해방 이후 한국의 젊은이들은 이러한 세대론을 기꺼이 수용하여 "전근대적 습속에 포박된 기성세대를 밀어내고, 근대라는 새로운 이상을 이 땅에 도래시킬 '장강의 뒷물결'을 자처했다"고 말한다. 따라서 세대론은 언제나 세대 '교체론'이었고 인정 투쟁을 동반했다. 이를테면 이어령은 자신들의 세대의식을 '화전민의식'으로 특칭하며 기성세대라는 우상의 파괴를 외쳤고, 백낙청은 '이어받은 문학적 자산이 태무殆無'하다면서 전통과 단절된 시점에서 새출발을 다짐했다. 세대론 속에 내재된 "자신들이 미래의 전망과 소실점을 향해가는 진취적인 세대라는 나름의 자신감과 우월감"은 1990년대 매체와 자본, 정치권에서 파생된 '386세대' 'X세대' 등의 명칭에서도 오롯이 드러난다.

2007년 출간된 『88만원세대』도 이와 같은 세대론 위에서 논의를 펼친다. 지은이 우석훈과 박권일은 신자유주의 시대 10대와 20대가 40~50대가 구축한 정치사회구조 안에서 '월 88만원'에 착취당하고 있다고 분석하고, 진보적인 청년들의 연대 투쟁으로 이를 격파하라고 독려했다. 오늘날 청년들을 아우르는 '88만원세대' 명칭은 여기서 비롯되었다. 그러나 유럽의 '1000유로 세대'를 한국적으로 번안한 '88만원세대'는 청년들이 처한 경제적 현실 외에 어떠한 우월감이나 인정 투쟁도 동반하지 않는다는 점에서 기존의 세대 담론을 넘어선다. '88만원세대'는 '진보'를 전제하는 근대적 시간관과 '미래 없음'이라는 현대적 시간관이 중첩된 이름이다(한편 박권일이 고백한바 "책 판매를 위해 불안정 노동의 전면화라는 다분히 계급적인 문제에 세대론의 당의糖衣를 입힌" 『88만원세대』는 사회적 문제를 세대 간 문제로 호도하며, 세대를 초월한 연대가 절실한 시기에 오히려 분열을 부추기게 된다).

세대론은 몇몇의 행동과 성향을 그 연령대 모두가 공유하는 것처럼 섣불리 일반화하고, 성·인종·계급·젠더 등을 간과한다는 점에서 비판받는다. 이에 더해 한영인은 세대론의 토대 자체를 문제삼는다. 영국 사회학자 지그문트 바우만의 통찰을 빌자면, 인류는 진보라는 환상을 좇아 먼 여행을 떠났지만 결국 제자리로 돌아왔고, 그 과정에서 더 나은 세상이 존재할 수 있다는 희망을 잃었다. 장밋빛 미래, 구원에 대한 약속, 영원한 진리와 불변의 가치에 대한 믿음이 사라진 오늘날, 젊은이들은 "더이상 자신들을 사회 발전의 원동력이자 미래의 이상을 현실로 도래시킬 주체로 자임하지 않거니와, 기성세대 역시 젊은 세대를 그렇게 바라보지 않는다". '88만원세대' '삼포세대' 같은 암울한 세대명이 그 증거다. 향후 전망도 세대교체의 욕망도 없는 작금의 세대론은 근대적 이상이 효력을 다한 '세대론 이후의 세대론'이며, 젊음과 진보를 등치하는 프레임은 근대적 시간관에 사로잡힌 자들의 낡은 믿음일 뿐이다. 한영인은 이미 폐기된 "허구적 믿음을 잣대로 젊은 세대를 분석하는 안일한 정신"이 '요즘 애들'을 한심하게 여기는 '꼰대'를 양산한다고 보고, 세대론에 입각한 청년론의 무용함을 받아들임으로써 현실을 직시할 것을 요구했다.

/ 20대 개새끼론

20대 개새끼론論은 '88만원세대'의 정치적 무관심과 체제 순응 경향을 비판하는 극단적 비칭卑稱이다. 대학생으로 일별되는 젊은이들의 반지성주의와 쾌락주의, 개인주의에 대한 지적은 일찍부터 있었으나 2000년대 중반 20대들이 한나라당을 가장 선호한다는 여론조사 결과가 나오면서 심화되었다. 이러한 문제의식은 2007년 『88만원세대』 출간 이후 인터넷상에서 '20대 개새끼론'으로 수렴했고, 한양대학교 겸임교수 김용민에 의해 쟁점화되었다. 2009년 6월 8일 충남대학신문에 기고한 "너희에겐 희망이 없다"라는 글에서 김용민은, 'IMF세대'라는 이름을 방패막이 삼아 처세와 생존에 연연하고, 가치보다는 자신의 유불리로 사리판별을 하고, 17대 대선에서 이명박 후보를 지지한 집단으로 20대를 뭉뚱그린다. 그러면서 가장 급진적이어야 할 때 386 선배들처럼 광장으로 나가기는커녕 보신에만 급급한 너희에겐 희망이 없으니, 2008년 미국산 쇠고기 수입 반대 집회의 발화점이 된 10대들에게 한국 사회의 미래를 맡기겠다고 일갈한다.

정치·사회적 진보의 책임을 20대에게 지우는 한편, 기성세대의 요구에 부응하지 않는 젊은 세대를 '개새끼'로 폄훼하는 '20대 개새끼론'은 이후 선거에서 여당이 우세를 보일 때마다 출몰한다. 이를테면 2012년 4월 11일, 19대 총선 저녁 SNS는 '20대 개새끼론'으로 넘쳤다. 야권의 패배를 기정사실화한 논란은, 20대 투표율이 역대 최저이고 특히 20대 여성 투표율은 8퍼센트밖에 되지 않는다는 근거 없는 소문으로 밤새 확산되었다. 그러나 출구조사 결과 서울의 20대 투표율은 60퍼센트를 넘었으며, 이는 30대보다도 높은 수치였다.

2014년 6월 인터넷신문 레디앙은 18대 대선 결과를 분석하며 '20대 개새끼론'의 진원지를 추적했다. 2012년 대선 당시 방송3사의 연령별 출구조사를 보면 20대의 65.8퍼센트, 30대의 66.5퍼센트, 40대의 55.6퍼센트가 문재인 후보를 지지했고, 50대의 62.5퍼센트, 60대 이상의 72.3퍼센트가 박근혜 후보를 지지했다. '20대 개새끼론'은 야당 후보가 낙선할 때마가 불거지므로, 일단 여당 지지 성향이 높은 50대 이상은 논외다. 20대와 30대는 '개새끼' 범주에 들어가기 때문에 제외된다. 결국 소문의 근원지는 386세대인 40대 야당 지지자로 좁혀진다(참고로 2014년 6·4 지방선거 출구조사 결과, 서울의 경우 20~30대의 야당 후보 지지율이 40대보다 더 높았다). '20대 개새끼론'의 실버 버전이라 할 만한 '노인 투표권을 박탈하자'는 주장도 출처가 같다.

영화감독 이송희일은 '20대 개새끼론'처럼 정치적 실패를 사회적 타자에게 전가하는 '오타쿠적 음모론'이 야권과 진보 진영의 반성 없는 태도에서 비롯되었다고 보았다. "성찰이 없다보니 왜 패배했는가, 왜 대중을 감화시키지 못했는지에 대한 사후 판단조차 작동하지 않는다. (…) 상징적 복수에 눈이 어두워 자기를 반성할 줄 모르는 꼰대 정치는 이렇게 특정 타자를 희생양 삼아 자신들의 알리바이를 구할 수밖에 없다"는 분석이다.

노동당 나경채 전 의원은 '내편은 선이고 반대편은 악'이라는 이분법적 사고체계가 정당의 책임을 회석할뿐더러, 사회의 진짜 문제를 가린다고 말한다. 만약 노인 표가 여당을 향한다면 이들을 악마화하면서 투표권을 제한하자고 말할 게 아니라, 노인들이 야당을 지지할 수 있도록 그들의 필요에 부합하는 정책을 마련하는 게 우선이라는 것이다.

엄기호의 책『이것은 왜 청춘이 아니란 말인가』에서 대학생 정혜교는 "자신의 이념적 범주에 들어오지 않는 외연적 존재를 이데올로기 주입이나 계도의 대상으로 삼는" 사고방식을 문제시한다. 중론은 사회 발전과 진보가 특정 세대가 아닌 시민 전체의 의무라는 것이다.

2014년 7월 4일자 『한겨레21』은 대학생들의 대학 서열화 경쟁을 다룬 기사 "홀리건과 싸우다 홀리건이 되다"를 실었다가 '20대 개새 끼론의 재판再版'이라는 비판을 받았다. 이런 식의 프레임은 20대를 바라보는 기성세대의 시선을 적나라하게 드러낼 뿐만 아니라, '요즘 애들'의 철없는 행태를 꾸짖는 '꼰대'들의 뻔한 행태라는 것이다. 이에 다음호 에디토리얼을 일종의 반성문으로 작성한 『한겨레21』은 제기된 지적들을 수용하면서 다음과 같이 글을 맺었다. "누구를 탓할 순 없다. 모두가 함께 만든 현실이고, 모두가 함께 바꿔가야 할 숙제다."

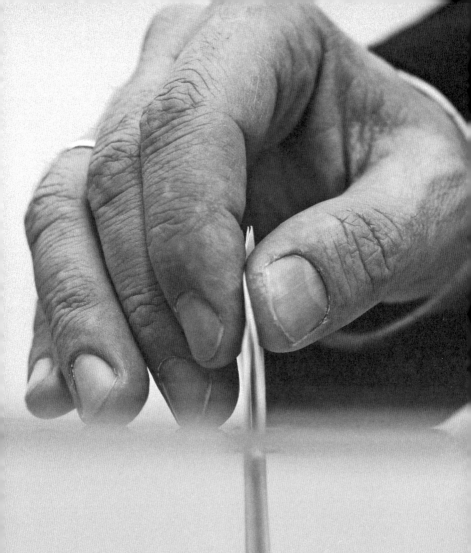

"대의 민주주의에서 사람들이 자유로운 것은
선거기간뿐이고
그뒤로는 오로지 노예일 뿐이다."

― 장자크 루소

1920년 미국을 시작으로
전 세계로 퍼져나간
보통선거

"내가 지지하는 사람에게
표를 던짐으로써
정해진 기간 동안
주인의 권리를 위임한다."

그러나
내가 지지하는 사람이 당선되지 않거나
당선된 사람이 공약을 지키지 않을 경우

다음 선거까지 기다려야만 한다

"우리의 세금을 거두어 쓰며
지배하는 이들을 통제하기에
지금의 대의제는 너무나 취약하다.
민주주의를 강력하게 만들 방법과
수단을 찾아내야 한다."

— 힐러리 웨인라이트, 사회학자

대의제의 한계를 보완하기 위한
직접적인 정치 참여 방법

데모

"데모보다는 투표를 잘하는 게
더 중요한 것 아닌가?"

"그래도 정당을 조직해야
힘을 발휘할 수 있는 것 아닌가?"

1969년 일본
신문보급소에서 일하다 죽은 29세 사원

회사를 상대로 한
유족들의 개별적인 소송

이후
또다른 유족들이 하나둘 모여
목소리를 합쳐 데모를 시작한다

남의 일이었던 노동자의 죽음에
관심을 갖기 시작하는 사람들

'과로사'는 신조어가 되고,
과로는 노동자의 삶의 질을 가늠하는
사회적 의제가 된다

하루 평균 3건 이상의
데모가 일어나는
프랑스

그들이 관대할 수 있는 이유

솔리다리테 solidarité
: 연대책임의식

"사회 구성원은 개별적인 게 아니라
서로 연결되어 있으며
상호 의존적이다."

구성원 개개인의 문제는
데모는 물론
다양한 사회 참여를 통해
사회적 의제로 자리잡게 된다

연대책임의식이
결여된 사회

대학 등록금은 대학생들의 문제
쌀 시장 개방은 농민들의 문제

이동권은 장애인들의 문제
노후는 노인들의 문제

각각의 문제들이
개인의 문제로 파편화된다

결국

선거 때가 아니면
사회 구성원들의 문제에
신경쓸 필요가 없어지는
국회

이런 사회에서 구성원들은
사회구조적인 문제까지도
자기 탓이라고만 생각한다

"대한민국의 주권은 국민에게 있고,
모든 권력은 국민으로부터 나온다."

— 대한민국 헌법 제1조 제2항

* 이 도서의 국립중앙도서관 출판예정도서목록(CIP)은 서지정보유통지원시스템 홈페이지
(http://seoji.nl.go.kr)와 국가자료공동목록시스템(http://www.nl.go.kr/kolisnet)에서
이용하실 수 있습니다.(CIP제어번호:2015013334)

5분
세상을 마주하는 시간

ⓒ뉴스타파, 김진혁 2015

1판 1쇄 2015년 5월 22일
1판 3쇄 2015년 6월 30일

방송 기획 뉴스타파 | 지은이 김진혁 | 펴낸이 강병선
기획 책임편집 김소영 | 편집 이경록 장영선 박영신
해설원고 글 조영주 | 디자인 박대성
마케팅 정민호 이연실 정현민 지문희 김주원
홍보 김희숙 김상만 한수진 이천희
제작 강신은 김동욱 임현식 | 제작처 영신사
펴낸곳 (주)문학동네
출판등록 1993년 10월 22일 제406-2003-000045호
주소 413-120 경기도 파주시 회동길 210
전자우편 editor@munhak.com | 대표전화 031)955-8888 | 팩스 031)955-8855
문의전화 031)955-1933(마케팅) 031)955-8870(편집)
문학동네카페 http://cafe.naver.com/mhdn | 트위터 http://twitter.com/munhakdongne

ISBN 978-89-546-3641-4 03300

www.munhak.com